安般守意经

中国佛学经典宝藏

116

杜继文 释译

星云大师总监修

人民东方出版传媒
东方出版社

总序

星云

自读首楞严，从此不尝人间糟糠味；

认识华严经，方知已是佛法富贵人。

诚然，佛教三藏十二部经有如暗夜之灯炬、苦海之宝筏，为人生带来光明与幸福，古德这首诗偈可说一语道尽行者阅藏慕道、顶戴感恩的心情！可惜佛教经典因为卷帙浩瀚、古文艰涩，常使忙碌的现代人有义理远隔、望而生畏之憾，因此多少年来，我一直想编纂一套白话佛典，以使法雨均沾，普利十方。

一九九一年，这个心愿总算有了眉目。是年，佛光山在中国大陆广州市召开"白话佛经编纂会议"，将该套丛书定名为《中国佛教经典宝藏》①。后来几经集思广

---

① 编者注：《中国佛教经典宝藏》丛书，大陆出版时改为《中国佛学经典宝藏》丛书。

益，大家决定其所呈现的风格应该具备下列四项要点：

一、启发思想：全套《中国佛教经典宝藏》共计百余册，依大乘、小乘、禅、净、密等性质编号排序，所选经典均具三点特色：

1. 历史意义的深远性

2. 中国文化的影响性

3. 人间佛教的理念性

二、通顺易懂：每册书均设有原典、注释、译文等单元，其中文句铺排力求流畅通顺，遣词用字力求深入浅出，期使读者能一目了然，契入妙谛。

三、文简意赅：以专章解析每部经的全貌，并且搜罗重要的章句，介绍该经的精神所在，俾使读者对每部经义都能透彻了解，并且免于以偏概全之谬误。

四、雅俗共赏：《中国佛教经典宝藏》虽是白话佛典，但亦兼具通俗文艺与学术价值，以达到雅俗共赏、三根普被的效果，所以每册书均以题解、源流、解说等章节，阐述经文的时代背景、影响价值及在佛教历史和思想演变上的地位角色。

兹值佛光山开山三十周年，诸方贤圣齐来庆祝，历经五载、集二百余人心血结晶的百余册《中国佛教经典宝藏》也于此时隆重推出，可谓意义非凡，论其成就，则有四点可与大家共同分享：

一、**佛教史上的开创之举**：民国以来的白话佛经翻译虽然很多，但都是法师或居士个人的开示讲稿或零星的研究心得，由于缺乏整体性的计划，读者也不易窥探佛法之堂奥。有鉴于此，《中国佛教经典宝藏》丛书突破窠臼，将古来经律论中之重要著作，做有系统的整理，为佛典翻译史写下新页！

二、**杰出学者的集体创作**：《中国佛教经典宝藏》丛书结合中国大陆北京、南京各地名校的百位教授、学者通力撰稿，其中博士学位者占百分之八十，其他均拥有硕士学位，在当今出版界各种读物中难得一见。

三、**两岸佛学的交流互动**：《中国佛教经典宝藏》撰述大部分由大陆饱学能文之教授负责，并搜录台湾教界大德和居士们的论著，借此衔接两岸佛学，使有互动的因缘。编审部分则由台湾和大陆学有专精之学者从事，不仅对中国大陆研究佛学风气具有带动启发之作用，对于台海两岸佛学交流更是帮助良多。

四、**白话佛典的精华集萃**：《中国佛教经典宝藏》将佛典里具有思想性、启发性、教育性、人间性的章节做重点式的集萃整理，有别于坊间一般"照本翻译"的白话佛典，使读者能充分享受"深入经藏，智慧如海"的法喜。

今《中国佛教经典宝藏》付梓在即，吾欣然为之作序，并借此感谢慈惠、依空等人百忙之中，指导编修；吉广舆等人奔走两岸，穿针引线；以及王志远、赖永海等大陆教授的辛勤撰述；刘国香、陈慧剑等台湾学者的周详审核；满济、永应等"宝藏小组"人员的汇编印行。他们的同心协力，使得这项伟大的事业得以不负众望，功竟圆成！

《中国佛教经典宝藏》虽说是大家精心擘划、全力以赴的巨作，但经义深邃，实难尽备；法海浩瀚，亦恐有遗珠之憾；加以时代之动乱，文化之激荡，学者教授于契合佛心，或有差距之处。凡此失漏必然甚多，星云谨以愚诚，祈求诸方大德不吝指正，是所至祷。

一九九六年五月十六日于佛光山

原版序
敲门处处有人应

心惠

　　《中国佛教经典宝藏》是佛光山继《佛光大藏经》之后，推展人间佛教的百册丛书，以将传统《大藏经》精华化、白话化、现代化为宗旨，力求佛经宝藏再现今世，以通俗亲切的面貌，温渥现代人的心灵。

　　佛光山开山三十年以来，家师星云上人致力推展人间佛教，不遗余力，各种文化、教育事业蓬勃创办，全世界弘法度化之道场应机兴建，蔚为中国现代佛教之新气象。这一套白话精华大藏经，亦是大师弘教传法的深心悲愿之一。从开始构想、擘划到广州会议落实，无不出自大师高瞻远瞩之眼光，从逐年组稿到编辑出版，幸赖大师无限关注支持，乃有这一套现代白话之大藏经问世。

　　这是一套多层次、多角度、全方位反映传统佛教文化的丛书，取其精华，舍其艰涩，希望既能将《大藏经》

深睿的奥义妙法再现今世，也能为现代人提供学佛求法的方便舟筏。我们祈望《中国佛教经典宝藏》具有四种功用：

一、是传统佛典的精华书

中国佛教典籍汗牛充栋，一套《大藏经》就有九千余卷，穷年皓首都研读不完，无从赈济现代人的枯槁心灵。《宝藏》希望是一滴浓缩的法水，既不失《大藏经》的法味，又能有稍浸即润的方便，所以选择了取精用弘的摘引方式，以舍弃庞杂的枝节。由于执笔学者各有不同的取舍角度，其间难免有所缺失，谨请十方仁者鉴谅。

二、是深入浅出的工具书

现代人离古愈远，愈缺乏解读古籍的能力，往往视《大藏经》为艰涩难懂之天书，明知其中有汪洋浩瀚之生命智慧，亦只能望洋兴叹，欲渡无舟。《宝藏》希望是一艘现代化的舟筏，以通俗浅显的白话文字，提供读者遨游佛法义海的工具。应邀执笔的学者虽然多具佛学素养，但大陆对白话写作之领会角度不同，表达方式与台湾有相当差距，造成编写过程中对深厚佛学素养与流畅白话语言不易兼顾的困扰，两全为难。

三、是学佛入门的指引书

佛教经典有八万四千法门，门门可以深入，门门是无限宽广的证悟途径，可惜缺乏大众化的入门导览，不易寻觅捷径。《宝藏》希望是一支指引方向的路标，协助十方大众深入经藏，从先贤的智慧中汲取养分，成就无上的人生福泽。

四、是解深入密的参考书

佛陀遗教不仅是亚洲人民的精神归依，也是世界众生的心灵宝藏。可惜经文古奥，缺乏现代化传播，一旦庞大经藏沦为学术研究之训诂工具，佛教如何能扎根于民间？如何普济僧俗两众？我们希望《宝藏》是百粒芥子，稍稍显现一些须弥山的法相，使读者由浅入深，略窥三昧法要。各书对经藏之解读诠释角度或有不足，我们开拓白话经藏的心意却是虔诚的，若能引领读者进一步深研三藏教理，则是我们的衷心微愿。

大陆版序一

[手写签名]

　　《中国佛教经典宝藏》是一套对主要佛教经典进行精选、注译、经义阐释、源流梳理、学术价值分析，并把它们翻译成现代白话文的大型佛学丛书，成书于二十世纪九十年代，由台湾佛光文化事业有限公司出版，星云大师担任总监修，由大陆的杜继文、方立天以及台湾的星云大师、圣严法师等两岸百余位知名学者、法师共同编撰完成。十几年来，这套丛书在两岸的学术界和佛教界产生了巨大的影响，对研究、弘扬作为中国传统文化重要组成部分的佛教文化，推动两岸的文化学术交流发挥了十分重要的作用。

　　《中国佛学经典宝藏》则是《中国佛教经典宝藏》的简体字修订版。之所以要出版这套丛书，主要基于以下的考虑：

　　首先，佛教有三藏十二部经、八万四千法门，典籍浩瀚，博大精深，即便是专业研究者，穷其一生之精力，恐也难阅尽所有经典，因此之故，有"精选"之举。

其次，佛教源于印度，汉传佛教的经论多译自梵语；加之，代有译人，版本众多，或随音，或意译，同一经文，往往表述各异。究竟哪一种版本更契合读者根机？哪一个注疏对读者理解经论大意更有助益？编撰者除了标明所依据版本外，对各部经论之版本和注疏源流也进行了系统的梳理。

再次，佛典名相繁复，义理艰深，即便识得其文其字，文字背后的义理，诚非一望便知。为此，注译者特地对诸多冷僻文字和艰涩名相，进行了力所能及的注解和阐析，并把所选经文全部翻译成现代汉语。希望这些注译，能成为修习者得月之手指、渡河之舟楫。

最后，研习经论，旨在借教悟宗、识义得意。为了将其思想义理和现当代价值揭示出来，编撰者对各部经论的篇章品目、思想脉络、义理蕴涵、学术价值等所做的发掘和剖析，真可谓殚精竭虑、苦心孤诣！当然，佛理幽深，欲入其堂奥、得其真义，诚非易事！我们不敢奢求对于各部经论的解读都能鞭辟入里，字字珠玑，但希望能对读者的理解经义有所启迪！

习近平主席最近指出："佛教产生于古代印度，但传入中国后，经过长期演化，佛教同中国儒家文化和道家文化融合发展，最终形成了具有中国特色的佛教文化，给中国人的宗教信仰、哲学观念、文学艺术、礼仪习俗等留下了深刻影响。"如何去研究、传承和弘扬优秀佛教文化，是摆在我们面前的一个重要课题，人民东方出版传媒有限公司拟对繁体字版的《中国佛教经典宝藏》进行修订，并出版简体字版的《中国佛学经典宝藏》，随喜赞叹，寥寄数语，以叙因缘，是为序。

二〇一六年春于南京大学

大陆版序二

依空

　　身材高大、肤色白皙、擅长军事的亚利安人，在公元前四千五百多年从中亚攻入西北印度，把当地土著征服之后，为了彻底统治这里的人民，建立了牢不可破的种姓制度，创造了无数的神祇，主要有创造神梵天、破坏神湿婆、保护神毗婆奴。人们的祸福由梵天决定，为了取悦梵天大神，需要透过婆罗门来沟通，因为他们是从梵天的口舌之中生出，懂得梵天的语言——繁复深奥的梵文，婆罗门阶级是宗教祭祀师，负责教育，更掌控了神与人之间往来的话语权。四种姓中最重要的是刹帝利，举凡国家的政治、经济、军事、文化等等都由他们实际操作，属贵族阶级，由梵天的胸部生出。吠舍则是士农工商的平民百姓，由梵天的膝盖以上生出。首陀罗则是被踩在梵天脚下的土著。前三者可以轮回，纵然几世轮转都无法脱离原来种姓，称为再生族；首陀罗则连轮回的因缘都没有，为不生族，生生世世为首陀罗，子孙也倒霉跟着宿命，无法改变身份。相对于此，贱民比首陀罗更为卑微、低贱，连四种姓都无法跻身其中，只能从事挑粪、焚化尸体等最卑贱、龌龊的工作。

出身于高贵种姓释迦族的悉达多太子，为了打破种姓制度的桎梏，舍弃既有的优越族姓，主张一切众生皆平等，成正等觉，创立了佛教僧团。为了贯彻佛教的平等思想，佛陀不仅先度首陀罗身份的优婆离出家，后度释迦族的七王子，先入山门为师兄，树立僧团伦理制度。佛陀更严禁弟子们用贵族的语言——梵文宣讲佛法，而以人民容易理解的地方口语来演说法义，这就是巴利文经典的滥觞。佛陀认为真理不应该是属于少数贵族、知识分子的专利或装饰，而应该更贴近普罗大众，属于平民百姓共有共知。原来佛陀早就在推动佛法的普遍化、大众化、白话化的伟大工作。

佛教从西汉哀帝末年传入中国，历经东汉、魏晋南北朝、隋唐的漫长艰巨的译经过程，加上历代各宗派祖师的著作，积累了庞博浩瀚的汉传佛教典籍。这些经论义理深奥隐晦，加以书写的语言文字为千年以前的古汉文，增加现代人阅读的困难，只能望着汗牛充栋的三藏十二部扼腕慨叹，裹足不前。

如何让大众轻松深入佛法大海，直探佛陀本怀？佛光山开山宗长星云大师乃发起编纂《中国佛教经典宝藏》。一九九一年，先在大陆广州召开"白话佛经编纂会议"，订定一百本的经论种类、编写体例、字数等事项，礼聘中国社科院的王志远教授、南京大学的赖永海教授分别为中国大陆北方与南方的总联络人，邀请大陆各大学的佛教学者撰文，后来增加台湾部分的三十二本，是为一百三十二册的《中国佛教经典宝藏精选白话版》，于一九九七年，作为佛光山开山三十周年的献礼，隆重出版。

六七年间我个人参与最初的筹划，多次奔波往来于大陆与台湾，小心谨慎带回作者原稿，印刷出版、营销推广。看到它成为佛教徒家中的传家宝藏，有心了解佛学的莘莘学子的入门指南书，为星云大师监修此部宝藏的愿心深感赞叹，既上契佛陀"佛法不舍一众"的慈悲本怀，更下启人间佛教"普世益人"的平等精神。尤其可喜者，欣闻现大陆出版方东方出版社潘少平总裁、彭明哲副总编亲自担纲筹划，组织资深编辑精校精勘；更有旅美企业家鲁彼德先生事业有成之际，秉"十方来，十方去，共成十方事"之襟怀，促成简体字版《中国佛学经典宝藏》的刊行。今付梓在即，是为序，以表随喜祝贺之忱！

二〇一六年元月

目　录

题　解　001

经　典　011
    1　卷上　013
    2　卷下　080

源　流　145

解　说　165

附　录　177

禅修释疑　179

题解

这里校勘注释和白话翻译的是《佛说大安般守意经》全文，分上、下两卷。原本出自中华书局编辑出版的《中华大藏经》第三十八卷。其上卷，是影印的《金藏》广胜寺本，下卷是影印的《高丽藏》。都同时附有校勘记，将《碛砂藏》（略作《碛》）、《永乐南藏》（略作《南》）、《资福藏》（略作《资》）、《普宁藏》（略作《普》），《径山藏》，又称《嘉兴藏》（略作《径》），《清藏》，又称《龙藏》（略作《清》）和《房山石经》（略作《石》）等多种善本的差别，一一校出，可以说，是现行大藏经中最完善的一种。我充分利用了这些校勘成果，又参对了国内通行的《频伽藏》，以及与之相关的其他译籍加以勘订，想尽力使它更加符合原貌一些。

　　本经的译者安清，字世高，或尊为安侯，是有史记载最早的知名译家。南朝梁僧祐的《出三藏记集》和慧皎的《高僧传》等均为之作传。他本是安息国人，东汉桓帝初年（约公元一四七年）进入洛阳。灵帝末年（约公元一八八年）关洛扰乱，乃杖锡江南，先后到过浔阳、豫章、广州，卒于会稽。所译经籍，《道安录》记有三十四部，四十卷；《长房录》增补到一百七十六部，一百九十余卷；《开元录》刊定为九十五部，一百一十五卷，现存二十二部，二十六卷。①

安世高译介的佛学特点，僧祐在《安世高传》中概括为"尤精阿毗昙学、讽持禅经，略尽其妙"。此"阿毗昙学"和"禅经"，指的是诠释佛理和修持禅法，道安称之为"禅数"。这一主导思想，在《安般守意经》中有相当集中的反映，可以作为安世高的主要代表作。其影响的广泛，流传的久远，也以此经为最。

关于本经的译本，诸家经录所记颇不一致。《出三藏记集·新集经论录》载，安世高于桓帝时译出《安般守意经》一卷，《安录》云："《小安般经》；另别记有《大安般经》一卷。"隋代法经的《众经目录·小乘修多罗藏录》云："《大安般经》一卷，《安般守意经》一卷"，均题后汉安世高译。《历代三宝纪》卷四，记："《安般守意经》二卷或一卷，道安云《小安般》。见朱士行《汉录》及僧祐、李廓《录》同。"又记："《大安般经》一卷或二卷，道安注解，见《祐录》；或云《大安般集经》。"至唐代，《大唐内典录》所记与《历代三宝纪》相近，而似有错乱。《大周刊定众经目录》则据《长房录》（即《历代三宝纪》）谓："《安般经》一卷"，"《大安般守意经》一部二卷，或一卷，四十五纸"；另据《内典录》所说："《大安般经》一部二卷，或一卷，二十纸"。最后是《开元录》记："《大安般守意经》二卷（原文作一卷，据《贞元录》改），或一卷。或无'守意'字，或直云《安般》。安公云：《小安般》，兼注解。《祐录》（即《出三藏记集》）别载《大安般》一卷，《房录》更载《安般》一卷，并重也。见士行、僧祐、李廓之《录》。"

《经录》记载上的这些差别，说明当时流行的抄本甚多，但总归有两个底本，一为二十纸本，一为四十五纸本。前者当为安世高的原译本，即道安所说的《小安般经》；四十五纸本为注解本，即《祐录》所说的《大安般经》。到了《开元录》，始将这两个本子合而为一，或即采用注解本，并定名为《大安般守意经》，也就是我们今天见到的本子。[②]

所有经录，均将此经的注解归为道安，与事实大有出入。据康僧会作《安般守意经序》，谓此经由"陈慧注义，余助斟酌"；道安的《安般注序》说："魏初康会为之注义，义或隐而未显者，安窃不自量，敢因前人为解其下"；谢敷在其《安般守意经序》中更说，他曾"推检诸数，录求明证，遂相继续撰为注义，并抄撮《大安般》《修行》诸经事相应者，引而合之。或以隐显相从，差简搜寻之烦"。其所抄撮的《大安般》，指有注解的本子；《修行》，是指安世高的另一译籍《道地经》，此经到了西晋的竺法护，又增添了许多大乘的思想，扩大为七卷本，题名《修行道地经》。因此，迄于东晋，《安般守意经》最少也有陈慧、康僧会、道安、谢敷四家注解，而且糅入了《道地经》的内容。现存的《大安般守意经》中有"五十五事""十九病"等说，即可与《修行道地经》的说法相参照，否则就不可解。其注解的方式，也与所谓"推检诸数""隐显相从"相似。据此推断，现存本可能就是谢敷的注解本。

禅法传入中国的确切年代，不甚可考，但至少不会迟于佛典的翻译。被认为最早的译籍是《四十二章经》，其中有两段话就与禅法很有关系。一是"佛告诸沙门，慎无视女人"，如果意为所动，"当谛惟观，自头至足，自视内：彼身何有？唯盛恶露诸不净种，以释其意"。二是"佛问诸沙门：人命在几间？"有的回答在"数日间"，有的回答在"饭食间"，佛都认为"未能为道"；只有最后一个沙门回答说，人命在"呼吸间"，得到佛的赞叹："善哉，子可谓为道者矣！"前者是标准的不净观；后者属于数息观，也就是"安般守意"要直接得出的结论：所谓人生"微脆"。

这两种禅法在中国佛教中流通最早，被并称为"二甘露门"。不净观的一项主要功能是亲证四谛中苦谛的理论内容，着重解决对人身的认识和贪爱问题，所以广泛地表现在种种经典和种种修持中；数息观的观想对象是呼吸，其功能在引导心理趋向绝对的宁静，控制注意力的方向，是导向"禅"的门径，禅的意味最足，所以需要特别专门的诠释。这部《安般守意经》担负的就是这项任务，它在中国佛教史上的地位，亦在于斯。要想对中国的禅法追本溯源，要想把握佛教禅法的早期结构和运作程序，不看这部佛经不行；要想探讨佛教禅法同道家的呼吸吐纳以及医学的养生气功之历史交涉，也不能离开对这部文献的了解。

但是这部佛典实在难读，尽管译者做了很大努力，不通的地方依然难免。《高丽藏》的雕造者在此经的后面有个说明，认为原来的经本"似是书者之错，经、注不分而连书者也，义当节而注之，然而多有不可分处，故不敢擅节"。从雕印古书的角度说，这态度是严肃的，但也表明，难以读通的原因，与原本的结构有直接的关系。其中之一，是本来可以连贯的思想，中间突然插进一些不相干的说法，显得逻辑混乱。这大约是抄写者把经文与注疏搅在一起，不做分别造成的。至于前后交错，释义不一，甚至相互矛盾，所在亦多，这显是由于注疏者众多，且理解不一造成的。

此外，此经的用词含义模糊，也令人颇费斟酌。例如，经文多用"谛"字，有的明确注明四谛，属佛教的基础教理；但有的谛，是指谛视，审视的意思，属心理上的一种集中专注状态。这样，下卷中的"从谛观""从谛守谛"的谛，就可做双重理解：如果解作四谛，就属于观，指把握佛教的基础理论；如果解作注意力集中，就属于"止"，即禅心理的运转特征，与唐代译作"心一境性"的含义相近。再如作为此经最基本范畴的"意"，有时与"心""念"等词混淆为一，指谓一切精神现象，但又往往特指某一种心理或认识功能。这同后来翻译瑜伽行派经典那样地定义清楚、界说明确，大不相同。又如"索"字，可有三义：索求（取）、绳索、索尽，经文两次使用，含义显然有别。类似这样的词不少，有时很难断定它们是在哪种意义上被使用的。

这种词义的模糊性，是外来经典译为汉文的早期所不可避免的现象。例如"菩提"之译为"道"，"真如"之译为"本无"，都是经历了数百年才弄得准确的。学术界一般认为这种现象之发生，与佛教初传中国时，多从道家思想做理解有关系。这当然是重要的一面。但我认为，这也与古汉文自身的特点有关系。多数古文涵盖面广，可发明的意义不易穷尽，一字多义，甚至歧义者屡见不鲜。这种情况，为汉语文兼容佛教的特殊概念，提供了非常有利的条件，也使得我们的先人发挥外来的佛教思想得心应手。因此，在此经的经文中，随意释义、任情解说的地方，俯拾即是。我们不应当用后来弄准确的概念去苛求初期的译文，当然也不宜用现代的理解和思想去引申或曲解经典的本义。这也是注释和译介这部经典的困难之处。

一个时代有一个时代的思潮，有一个时代的文风。尽最大可能保持原典的思想风貌，是我在译注这部经典中力图遵循的一条原则。但能否做到这一点，是另外一个问题了。

此经有少数外来语的音译，我在其他译籍中尚未见到，一时难以断定它们的语种及其对应的汉文意思。所以虽然也做了一些注释，恐怕依然不妥，希望能得到研究西域文或梵文的专家订正。又，在经文中，凡属佛教常识性的词语，一般的佛教辞书都有解说，所以也不别作注释，或点到为止；有关安世高译籍中特殊使用的名数，解释相对多一些，但也仅限于有助理解原文上。

注释:

① 现存本数，据吕澂先生统计，见《安世高》、《中国佛教》(二)，中国佛教协会编。

② 据《金藏》和《丽藏》刻本，《佛说大安般守意经》正文为四十四版，与《大周录》所记四十五纸接近；加上康僧会序，总为四十七版。另有题为"赵城县广胜寺"的佛像一版。

1　卷上

原典

《佛说大安般守意经》卷上[①]

后汉三藏安世高译[②]

　　佛在越祇国[③]，舍羁瘦国[④]。亦说一名遮匿迦罗国。时佛坐行安般守意[⑤]九十日，佛得[⑥]。佛复独坐九十日者，思维校计[⑦]，欲度脱十方人[⑧]及蜎飞蠕动之类[⑨]。复言：我行安般守意九十日者，安般守意得自在慈念意[⑩]，还行安般守意，以复取意行念也。

注释

　　① 卷上的底本为《金藏》广胜寺本，即《赵城藏》。

② 译者，《资》《普》作后汉沙门安世高译；《碛》《南》《径》《清》作后汉安息国三藏法师安世高译；《丽》作后汉安息三藏安世高译。

③ **越祇国**：或为月氏国的佛典古译。本经出时，可能在月氏的极盛期间。译者是安息人，月氏势力曾进入安息领域，同时占领此印度地区。

④ **舍羁瘦国**：或为舍卫国的古译。《增一阿含》卷七《安般品》称，时佛在舍卫国祇树给孤独园。

⑤ **安般守意**：是安那般那守意的略称。安那般那为梵文 Ānāpāna 的音译，意译入出息，即呼吸。安那略作安，指入息（吸），般那略作般，指出息（呼）。守意指控制思维意念活动，与后来译为念的含义相近。所以安般守意就是念安般、持息念、数息观等的古译，是在中国传播时间最长、范围最广的禅法之一。

⑥ "佛得"，《资》《丽》无。

⑦ **思维校计**：思维，即思考；校计，计较筹算，指缜密细致地思考。

⑧ "人"，《资》《碛》《普》《南》《径》《清》无，不从。

⑨ **蜎飞蠕动之类**：蜎飞蠕动，原出道家典籍，指飞虫蛆蛹等弱小动物。此处泛指除人之外的一切有情生类。

⑩ **慈念意**：此处念即是意，或慈念之意。慈念众生、仁爱万有，是慈、悲、喜、舍所谓四无量心之首。

译文

佛在越祇国，舍羁瘦国。另有一说，此国名遮匿迦罗。那时佛在坐禅，行安般守意九十天，佛即获得。佛之所以独坐九十天，是在思维筹量如何度脱十方人及蜎飞蠕动等一切生类。佛然后说：我行安般守意九十天，在于通过安般守意获取自在的慈爱万有的意念，由此再行安般守意，将所得的慈念，运用于一切意念。

原典

安为身，般为息，守意为道。守者为禁，亦谓不犯戒。禁者亦为护，护者遍护一切，无所犯。意者，息意，亦为道也。

安为生，般为灭，意为因缘，守者为道也。

安为数①，般为相随②，守意为止③也。

安为念道，般为解结，守意为不堕罪也。

安为避罪，般为不入罪，守意为道也。

安为定，般为莫使动摇，守意莫乱意也。安般守意名为御意，至得④无为⑤也。

安为有，般为无。意念有不得道，意念无不得道；亦不念有，亦不念无，是应空定，意随道行。有者，谓万物；无者，谓疑⑥，亦为空也。

安为本因缘，般为无处所。道人知本无所从来，亦知灭无处所，是为守意也。

安为清，般为净，守为无，意名为，是清净无为也。无者谓活，为者谓生；不复得苦，故为活也。

安为未，般为起，已未起，便为守意；若已意起⑦，便为守意。若已起意，便走，为不守，当还⑧。故佛说安般守意也。

安为受五阴⑨，般为除五阴，守意为觉因缘，不随身、口、意也。

守意者⑩，无所着为守意；有所着不为守意。何以故？意起复灭故，意不复起为道，是为守意。守意莫令意生。生因有死，为不守意，莫令意死。有死因有生，意亦不死，是为道也。

注释

① **数**：安般禅的第一步，全称数息，默数自己的呼吸次数。此名"守意着息"。由此获得数定，由专注于数而得定。

② **相随**：安般禅的第二步，令意念随从自己的呼

吸运转。所谓转念着随，正有二意。

③ **止**：安般禅的第三步，令意念唯一地专注于自己的鼻头。

④ "至得"，底本作"至德"，诸本作"至得"，据诸本改。

⑤ **无为**：借用道家术语，泛指一切无生灭现象，包括佛教所说的真如、法性以及菩提、涅槃等。此处特指"涅槃"言。

⑥ **疑**：止、息、安、定等义。此处指一种心里非常宁静的状态。

⑦ "便为守意；若已意起"，《资》《碛》《普》《南》《径》《清》无。

⑧ "当还"，诸本作"当为"，不从。

⑨ **五阴**：指色、受、想、行、识五类物理和心理现象。佛教以为，众生是五阴的和合，由于感受五阴之报，始有人生。

⑩ "守意者"，底本作"安守意"，诸本作"守意者"，据诸本改。

译文

安，指身；般，指息；守意，指道。守的意思是禁，也称作不犯戒。禁也有护的意思；护指普遍护持一切言行，不要犯戒。由守所护意，就是令意安息，也就是从事于道。

安，指生；般，指灭；意，指生灭的因缘条件；守，指从事于道。

安，指数息；般，指相随；守意为止。

安，指专念于道；般，指解除烦恼诸结；守意，指不堕于罪行。

安，指避免犯罪；般，指不入罪行；守意即是从事于道。

安，指心里安定；般，指莫使心里动摇；守意，是令意念不扰乱。安般守意的意思，就是驾驭自己的意念，直到获得涅槃。

安，指有；般，指无。意念有不能得道，意念无不能得道。既不念有，也不念无，才是相应于空的禅定，意随顺于道运行。所谓有，指世界万物；所谓无，指心里安定宁静，也就是空。

安，指人生本原；般，指无处所；行道的人知人生本无所从来，也知人灭无处所。这就是守意。

安，指清；般，指净；守，指无；意，指为；安般守意即是清净无为。所谓无，意思是活；所谓为，意思是生；不再得苦，所以叫作活生。

安，指未起；般，指起毕；如果意未生起，便是守意；如果意已起毕，便是守意；如果意生起任其走动，是不守意，应当回来再守。所以佛说为安般守意。

安，为领受色、受、想、行、识五阴；般，为除灭五阴；守意指觉知受灭五阴的因缘，不随顺身、口、意的活动。

所谓守意，无所执着为守意，有所执着不是守意。为什么？因为意起即灭，意不再起为道，此即是守意。守意在于不令意生起。有生因为有死，乃是不守意，所以莫令意死；有死因为有生，所以意也不死，此即为道。

原典

安般守意有十黠①，谓数息、相随、止、观、还、净、四谛，是为十黠成。谓合三十七品经②为行成也。守意譬如灯火，有两因缘：一者坏冥，二者见明。守意，一者坏痴，二者见黠也。

守意，意从因缘生，当缘因缘；莫着，是守意也③。守意有三辈，一者守令不得生；二者以生当疾灭；三者事已行，当徙后悔，计亿万劫不复作也。

守与意各自异，护十方，一切觉对不犯，是为守意④。觉彼无为，是为意，是守意也⑤。

守意中有四乐：一者知要乐；二者知法乐；三者为知止乐；四者为知可乐。是为四乐。

法为行，得为道。

守意六事，为有内外。数、随、止是为外，观、还、净是为内。随道也。何以故？念息相随，止、观、还、净，欲习意近道故。离是六事，便随世间也。

数息为遮意，相随为敛意，止为定意，观为离意，还为一意，净为守意⑥。用人不能制意，故行此六事耳。何以故数息？用意乱故。何以故不得？用不识故。何以故不得禅？用不弃习尽，证行道故也。

数息为地，相随为犁，止为轭⑦，观为种，还为雨⑧，净为行，如是六事乃随道也。

数息断外，相随断内，止为止罪行，观却意，不受世间为还⑨，念断为净也。意乱当数息，意定当相随，意断当行止，得道意当观，不向五阴当还，无所有当为净也。多事当数息，少事当相随⑩，家⑪中意尽当行止，畏世间当观，不欲世间为还，念断为净也。

何以故数息？不欲堕五阴故。何以故相随？欲知五阴故。何以故止？欲观五阴故。何以故观阴？欲知身本故。何以故知身本？欲弃苦故。何以故为还？厌生死故。何以故为净？分别五阴不受故。便堕黠慧八种道，得莂⑫，为得所愿也。

行息时为堕数，相随时为堕念，止时为堕定，观时为堕净，还时为堕意，净时为堕道，亦为堕行⑬也。

注释

① 黠：即慧、智慧。

② **三十七品经**：亦作三十七品经法，即三十七道品、三十七菩提分。所谓四意止、四意断、四神足、五根、五力、七觉意、八种道行。

③ "是守意也"，诸本作"是为守意也"，不从。

④ "是为守意"，《丽》无"意"。

⑤ "是为意，是守意也"，《资》《碛》《普》《南》《径》《清》为"是为守意也"。

⑥ **离意，还为一意，净为守意**：离意的意，此处指与禅定相反的"散心"，或泛指世俗意识。意与守意有两释：一谓心不散失，即深入禅定；二谓专注于正确的佛教观念，相当菩提心或求菩提之心，与道意同。

⑦ "轭"，《资》作"荦"，《碛》作"楞"，《普》《南》作"捞"，《径》《清》作"稉"，皆误。

⑧ "还为雨"，底本作"还为两"，现据诸本改。

⑨ "不受世间为还"，底本作"不受世间还"，现据诸本改。

⑩ 此句中的"多事"和"少事"，指心里思虑事情的多少及焦虑的程度轻重。

⑪ **家**：泛指世间三界，特指家庭、家族。

⑫ 莂：契约合同，是"授记"一词的古译。指未来必定成佛。此处指必得所希望的理想。

⑬ 行：此处指八正道。下文即称八正道为"八行"。

译文

"安般守意"有十慧，即数息、相随、止、观、还、净以及苦、集、灭、道四谛。由此十慧成就安般守意。意思是说，要结合修行三十七品经才能成功。守意譬如灯火，有两种功能：一是坏灭黑暗，二是现显光明。守意的功能，一是坏灭痴暗，二是现显明智。

所谓守意，意从种种因缘条件生起；应当把这些因缘条件作为观察的对象而不执着，此即是守意。守意有三种人：一种是坚守不乱，令意不得生起；第二种是一旦生起，应当立即灭伏；第三种是已经起意行事，应当转向忏悔，决心亿万劫不再这样做。

守与意的含义各不相同。护持十方，面对一切、觉知一切而不犯戒，此乃是守；觉知十方一切本性空寂无为，此乃是意。合此二种差异，是守意。

守意中有四种乐：一是了知道理之纲要为乐；二是了知佛所说法为乐；三是了知专注于一境为乐；四是了知行禅的恰当程度为乐。此乃是四乐。

佛法为行，得以成就为道。（所以行道的意思，就是获得佛法；或者说，得法即是行道。）

守意有六事，所谓数、随、止、观、还、净。此六事有内有外，数、随、止为外；观、还、净为内，都是为了随顺于道。为什么？因为念与息相随追，为"止、观、还、净"创造条件，为的是训练意志，令"意"亲近于"道"。如果离开此六事，便是随逐世间。

数息，为的是遮止意的躁乱；相随，为的是聚敛意于专注；止，是令意定住于一境；观，为的是脱离世间意识的支配；还，为了回转唯一的"道意"；"净"，为的是坚守"道意"不动摇。因为人们不能控制自己的意念活动，所以才修行此等六事。为什么数息？因为意念躁乱。为什么不得？因为尚不认识。为什么不得禅定？因为没有抛弃积习，为证得寂灭而行道。

数息，譬如是土地；相随，譬喻是犁；止，譬如是轭；则观是种；还是雨；净是收获等行。修行此等六事，就是随顺于道。

数息，是为断除外界的干扰；相随，是为断除内心的干扰；止，是为制止种种罪行；观，为的是却除世间意念；不受世间左右，即名为还；意念全断名之为净。意念躁乱，应当数息；意念专注，当求于相随；意念断除，当行于止；若想获得道意，则应当观；不趣向五阴（世间人生），应当修"还"；令世间意念全无所有，应当修"净"。意念事多，应当修"数息"；意念事少，应当修"相随"；要灭尽三界意念，应当修"止"；畏惧世间应当修"观"；不希求世间是"还"；念想全断是"净"。

为什么"数息"？因为不希望堕于五阴。为什么"相随"？因为希望认知五阴的道理。为什么"止"？因为希望观察五阴的种种性相。为什么要观察五阴？因为希望认知人身本原。为什么要认知人身本原？因为希望摈弃痛苦。为什么修"还"？因为厌恶生死。为什么修"净"？因为分别五阴而不领受。由此便进入智慧之八正道，必得佛果和自己所愿望的理想。

呼吸时要随顺于数；相随时是随顺于念（专注）；止时为进入定；观时为随顺于净；还时为随顺于"道意"；"净"时为随顺于"道"，也就是随顺修行八正道。

原典

数息为四意止①，相随为四意断②，止为四神足③念，观为五根④、五力⑤，还为七觉意⑥，净为八行⑦也。

得息不相随，不为守意；得相随不止，不为守意；得止不观，不为守意；得观不还，不为守意；得还不净，不为守意；得净复净，乃为守意也。

已念息，恶不生。复数者，为共遮意，不随六衰⑧故。行相随，为欲离六衰；行止，为欲却六衰；行观为欲断六衰；行还，不欲⑨受六衰；行净，为欲灭六衰。已灭尽，便堕道也。

数息欲遮意，息中有长短，当复遮是长短意也。何以故？守意欲止恶故。恶亦可守，亦不可守。何以故？恶已尽，不当复守也。

数息有三事：一者当坐行；二者见色当念非常、不净；三者当晓嗔恚、疑⑩、嫉⑪，令过去⑫也。

数息乱者，当识因缘所从起，当知是内意。一息乱者，是外意过，息从外入故；二息乱者，是内意过，息从中出故。三、五、七、九属外意，四、六、八、十属内意。嫉、嗔恚、疑是三意在内；煞（杀）、盗、淫、两舌、恶口、妄言、绮语⑬是七意及余事属外也。得息为外，不得息为内，息从意生，念息合为一数。息至尽，数为一，亦非一，意在外息未尽故。譬如数钱，意在五数为一⑭也。

数息所以先数入者，外有七恶，内有三恶。用少不能胜多，故名⑮先数入也。

数息不得者，失其本意故。本意谓非常、苦、空、非身⑯；失是意堕颠倒故，亦为失师。师者，初坐时，第一入息得身安，便次第行。为失其本意，故不得息也。数息意常当念非常、苦、空、非身，计息出亦灭，入亦灭，已知是得道，疾当持非常恐意⑰，得是意即得息也。

注释

① **四意止**：亦译作四念处、四念住等。三十七道品之一。指在禅定中，依靠特定的教理，分别观察身、受、心、法的性相，从而获得相应的认识。一般来说，观身不净，观受是苦，观心非常，观法无我。由此对治常、乐、我、净的世俗观念。

② **四意断**：也译作四意念断、四正勤、四正断等。三十七道品之一，是用以止恶修善的禅法。一般来说，指已生恶令永断，未生恶令不生，未生善令生，已生善令增长。但本经的解释不同，前后文也有差别。

③ **四神足**：亦译作四如意足。三十七道品之一。据说能引发神通，达到随意而行的一种禅定。一般按追求神通的禅观性质分类，所谓欲、勤、心、观。本经则按得神通的部位分类，所谓身、口、意、道。

④ **五根**：指信根、能根（进根）、识根（念根）、定根、黠根（慧根），通称五根。由于此五种法具有令信等增长的意义，所以称其为信等的根。三十七道品之一。

⑤ **五力**：由五根增长出来的五种力量：信力、进力、念力、定力、慧力，合称五力。被认为是推动佛教信仰不断巩固、发展的动力。三十七道品之一。

⑥ **七觉意**：亦译作七菩提分、七觉支，三十七道

品之一。据安世高译《阴持入经》（上），七觉意的名称顺序是念、法、精进、爱可、猗、定、护。后亦译作念、择法、精进、喜、轻安、定、舍。

⑦ **八行**：亦称八直行，后译为八正道、八圣道等，指正见、正思维、正语、正业、正命、正精进、正念、正定。三十七道品之一。

⑧ **六衰**：指六识的对象，即色、声、香、味、触、法。佛教认为此六种境，能驱使众生随逐，令善性衰灭，故名。

⑨ "不欲"，诸本作"为欲不"，不从。

⑩ "疑"，《资》《碛》《普》《南》《径》《清》作"痴"。

⑪ **嗔恚、疑、嫉**：嗔恚，愤怒、憎恨。疑，怀疑、犹豫不决；后文十恶中亦作痴，痴即无明，指缺乏智慧，愚暗。嫉，对他人成功的嫉妒。此三者均属烦恼范围，是佛教修持需要断灭的心理情绪。又，嫉，《频伽》作娆。

⑫ "令过去"，《丽》作"念过去"。

⑬ **煞（杀）、盗、淫、两舌、恶口、妄言、绮语**：杀，指杀生。盗，指偷盗，亦名不与取。淫，或谓邪淫，一般指不正当的男女关系。两舌，亦名离间语，即挑拨离间的话。恶口，亦名粗恶语，下流的语言。妄

言，亦名虚妄语，虚妄的谎言。绮语，亦名杂秽语，指邪淫的语言。此七项加上嗔恚、疑、嫉，被称为十恶、十恶业、十恶道、十不善等。据说，行此十恶者，当堕入地狱等诸恶趣中。反其道而行之名十善，能得世间人天等诸善果报。

⑭ **五数为一**：指汉武帝至隋唐发行的五铢钱，以五铢作为一个货币单位。譬如数息，以十次呼吸为一个单位。

⑮ **"故名"**，《资》《碛》《普》《南》《径》《清》无，《丽》作"故"。

⑯ **非常、苦、空、非身**：是四谛中的苦谛内容，也是一般佛教对世间人生的基本观念。非常，亦作无常，指生灭迅速，人生苦短，不能常在。苦，是对人生本性的判断。空，指人生毕竟无所有。非身，指身无所主，非我所有，后译无我。

⑰ **持非常恐意**：安般禅的功能之一，在证知人身脆危，人命系于呼吸间，故上文说"计息出亦灭，入亦灭"，是人生非常的见证。由此能产生恐惧的危机感，以促进修习"出世间道"的必要性和紧迫性的认识。

译文

数息是四意止，相随是四意断，止是四神足，观是五根、五力，还是七觉意，净是八正道。（所以安般守意就是行三十七道品。）

已得数息效应而不行相随，不是守意；已得相随效应而不行止，不是守意；已得止的效应而不行观，不是守意；虽已得观而不行还，不是守意；虽已得还而不行净，不是守意；得净而坚持净，乃是守意。

既已系念于呼吸，恶即不生。其所以还要数，为的是共同防止意，令其不随逐色、声、香、味、触、法六衰运转。修行相随，为的是远离六衰；修行止，为的是除却六衰；修行观，为的是切断六衰；修行还，为的是不领受六衰；修行净，为的是灭掉六衰。六衰消灭净尽，便是入道。

数息是为了阻遮意的纵任。呼吸有长有短，也应当阻遮长短的意念。为什么？因为守意是为了止恶。恶既可以守护不犯，也可以不守护。为什么？因为恶已灭尽，不应当再去守护。

数息有三件事：一、应当坐行；二、见诸色身应当念想非常、不洁净；三、应当通晓愤怒、犹豫、嫉妒等心理，令诸过去除。

数息发生错乱，应当认识其原因，应当知道这是内意的问题。（但也可以分内外）一息（吸）错乱的，是意向外的过错，因为息是从外吸入；二息（呼）错乱的，是意向内的过错，因为息是从内呼出。因此，（在十次数息中）三、五、七、九息属于外意，四、六、八、十息属于内意。嫉妒、愤怒、犹豫三意在内；杀、盗、淫、两舌、恶口、妄言、绮语七意及其相应的诸事，属于外。意得到息是外，得不到息是内。数息随意念生起，意念与息合为一数。息至于终了，与意是一也不是一，因为意在外而息尚未尽。譬如数钱，意在五铢而单位数是一。

数息之所以先数入息（吸），是因为外有杀、盗等七恶，内有嗔恚等三恶。少不能胜多，所以先数入息以制之。

数息达不到预期的效用，是因为失其本意。所谓"本意"，指佛教所说"非常、苦、空、非身"等有关人生的根本观念；所谓"失"，指所行之意与此根本观念相颠倒，也是失却师教。所谓师，初坐禅时，从第一次数入息得到身体安适，便按次第修行，因为失却"本意"，所以数息达不到预期效用。数息之意，应当经常念想"非常、苦、空、非身"这些根本观念，思维息出也是灭失，息入也是灭失，由此知是得道，迅疾即当执持人生"非常"的恐惧观念。获得这种对"非常"的恐惧观念，就达到了数息的预期效用。

入息出息所以异者，出息为生死阴，入息为思想阴；有时出息为痛痒阴^①，入息为识阴。用是异，道人当分别是意也。入息者为不受罪，出息者为除罪，守意者为离罪；入息者为受因缘，出息者为到因缘，守意者为不离因缘也。

数息不得，有三因缘：一者^②罪到，二者行不守^③，三者不精进也。

入息短，出息长，无所从念为道，意有所念为罪。罪恶^④在外，不在内也。数息时，有离意，为喘息长，得息为喘息短。不安行息为长，定为短。念万物为长，息无所念为短。息未至十息坏，复更数为长息，得十息为短息。得息为短，何以故？止不复数故。得息亦为长，何以故？息不休故为长也。喘息长自知，喘息短自知。谓意所在，为自知长短。意觉长短为自知，意不觉长短，为不自知也。

① 此处的生死阴、思想阴、痛痒阴依次是五阴中的行阴、想阴、受阴的古译。行阴之行，主要含义是意识的造作与流转功能，造作属业，流转属报，业报是生死的特征，故译行为生死。想阴之想，主要含义为取相

与施设名言，相当表象和概念。佛教一般把思作为行的一种功能，与想不同。受阴之受，指带有伦理性质的主观感受，所谓苦、乐、不苦不乐等；痛、痒等更偏重于生理方面的感受。

②"一者"，底本作"者一"，据诸本改。

③"行不守"，底本作"行不手"，《资》《碛》《普》《南》《径》《清》作"工"，《丽》作"不互"。现据前后文意改。

④"恶"，《资》《碛》《普》《南》《径》《清》作"要"，不从。

译文

入息和出息之所以有差异，在于出息属五阴中的生死阴（行阴），入息属五阴中的思想阴（想阴）；有时出息属五阴中的痛痒阴（受阴），入息属五阴中的识阴。因此，入出息有差异，行道的人应当分别这些观念。又，所谓入息，为的是不接受罪；所谓出息，为的是除灭罪；所谓守意，为的是远离罪。入息是领受佛说因缘观，出息是掌握因缘观，守意是不离因缘观。

数息达不到预期效用有三个原因：其一是罪的到来；二是行念而不守其念；三是不努力精进。

入息短，出息长，直到无有所念，此即是"道"，意有所念则是罪。罪恶在念外而不在内。数息时，若意离息，是喘息长；若意得息，是喘息短。心绪不安行息是长，心绪安定行息是短。意念万物是长息，无有所念是短息。数息未到十息而坏乱，重新另数是长息；恰得十息是短息，为什么？因为数到十为止，不须再数。有时得息也是长，为什么？因为息不休止，所以是长。喘息长自知，喘息短自知。意思是说，意念于息，自知长短。意念觉知长短，就是自知；意念不去觉知长短，就是不自知。

原典

　　道人行安般守意，欲止意。当何因缘得止意？听说安般守意。何等为安？何等为般？安名为入息，般名为出息，念息不离，是名为安般。

　　守意者，欲得止①意。在行者、新学者，有四种安般守意行。除两恶、十六胜即时自知，乃安般守意行，令得止意。何等为四种？一为数，二为相随，三为止，四为观。何等为两恶？莫过十息，莫减十数。何等为十六胜即时自知②？喘息长即自知；喘息短即自知；喘息动身即自知；喘息微即自知；喘息快即自知；喘息不快即自知；喘息止即自知；喘息不止即自知；喘息欢即自知；喘息不欢③即自知；内心念万物已去，不可复得，喘息自知；内无所复思喘息自知；弃捐所思喘息自知；不弃捐所思喘息自知④；放弃躯命喘息自知；不放弃躯命喘息自知。是为十六即时自知也。

问：何等为莫过十数，莫减十数？

报：息以尽未数是为过，息未尽便数是为减。失数亦恶，不及亦恶，是为两恶。

至二息乱为短息，至九息乱为长息，得十息为快息，相随为微。意在长，便转意：我何以故念长？意在短即时觉，不得令意止，止为着。放弃躯命者，谓行息，得道意，便放弃躯命。未得道意，常爱身故，不放弃躯命也。息细微为道，长为生死，短息动为生死。长于道为短，何以故？不得道意，无知见⑤，故为短也。

注释

① "止"，《丽》作"上"。

② **十六胜即时自知**：通称十六特胜，又译作十六胜行。是反映数息念中由数息引生的心理专注、生理变化、观想活动以及它们相互作用同体验某些佛理的一系列运作过程，十六个次第。但有关这十六胜的具体内容，佛教各家说法不尽相同。本经强调，在数息全过程中，都要"即时自知"。表明它把这一禅定过程，始终

置于觉察明晰的心理状态中。

③"欢",与前句"欢"字,《径》《清》均作"观",不从。

④"不弃捐所思喘息自知"一句,底本无,据《丽》本补。

⑤"知见",《资》《碛》《普》《南》《径》《清》作"所知"。

译文

行道的人行安般守意,目的在于止意。如何才能获得止意?要听讲安般守意。什么是安?什么是般?安的意思是入息,般的意思是出息;意念与息不相分离,即名安般。

所谓守意,目的在于止意。对于现行者和新学者来说,有四种安般守意行法。除两恶、十六胜即时自知,就是安般守意行法,能令达到止意。是哪四种呢?一是数,二是相随,三是止,四是观。什么是两恶?呼吸计数不要超过十次,也不要少于十次。什么是十六胜即时自知?喘息长即时自知;喘息短即时自知;喘息动身即时自知;喘息微细即时自知;喘息快即时自知;喘息不快即时自知;喘息止即时自知;喘息不止即时自知;喘息得欢喜心即时自知;喘息得不欢喜心即时自知;内心念想万物已成过去，不可复得，于喘息中自知；内心不再有所思念，于喘息中自知；弃捐所思对象，于喘息中自知；不弃捐所思对象，于喘息中自知；放弃身躯性命，于喘息中自知；不放弃身躯性命，于喘息中自知。这就是"十六即时自知"。

问：莫过十数，莫减十数是什么意思？

答：数呼吸十次完毕而尚未再数，是为过；数呼吸尚未十次完毕而再数，是为减。忘记计数是恶，数而不到也是恶，这就是两恶。

数到二息而错乱为短息；达到九息而错乱为长息；达到第十息为快息；数与息相随顺为微。意若专注于长，便转而意想：我为什么专念于长？若意专注于短，也应即时觉察，不得令意止，止就是执着。所谓放弃身躯性命，意思是：由行息而获得道意（知身躯性命无常），便会放弃，不再爱着；未得道意，常爱己身，执着不放。息出入微细是道，息长则是生死，息短躁动也是生死。长相对于道乃是短。为什么？因为不得道意，没有知见，所以是短。

原典

数息为单，相随为复，止为^①一意，观为^②知意，还为行道，净为入道也。

数时为念，至十息为持③，是为外禅；念身不净，随空，是为内禅。禅法恶来不受，是名为弃。

閇④口数息，随气出入，知气发⑤何所，灭何所。意有所念，不得数；息有迟疾大小，亦不得数；耳闻声乱，亦不得数也。数息意在息数，为不工⑥。行意在意⑦，乃为止。数息意但在息，是为不工⑧，当知意所从起，气所灭，是乃应数。因缘尽便得定意也。

守意者，念出入息已，念息不生恶故，为守意。息见因缘生，无因缘灭，因缘断，息止也。数息⑨为至诚，息不乱为忍辱。数息气微，不复觉出入，如是当守一念，止也⑩。息在身，亦在外，得因缘息生，罪未尽，故有息；断因缘，息不复生。

数息以为堕第二禅。何以故？用不待念，故为堕第二禅也。数息为不守意，念息乃为守意。息从外入，息未尽，息在入意，在尽识在数也。

十息有十意，为十绊。相随有二意，为二绊；止为一意，为一绊。不得息数为恶，意不可绊。恶意止，乃得数。是为和调，可意绊也。

已得息，弃息；已得相随，弃相随；已得止，弃止；已得观，弃观，莫复还。莫复还者，莫复数。

息亦使意，意亦使息。有所念为息使意，无所念为意使息也。

息有四事：一为风，二为气，三为息，四为喘。有声为风，无声为气，出入为息，气出入不尽为喘也。

注释

①②"为"，《资》《碛》《普》《南》作"而"。

③"持"，《资》《碛》《普》《南》《径》《清》作"待"，不从。

④閇："闭"之俗字。

⑤"知气发"，底本作"法气知"，诸本作"知气发"，据改。

⑥⑧"工"，底本作"手"，《资》《普》《南》《径》《清》作"工"，据改。

⑦"在意"，《资》《碛》《普》《南》《径》《清》无。

⑨"数息"，《径》作"故息"。

⑩"止也"，《资》《碛》《普》《南》《径》《清》作"也止"，不从。

译文

数息是单一，相随是复合，止是唯有一意，观是认识意，还是行道，净是入道。

数的时候为念，数至十息为持，此是外禅；念身为不净，随顺于空，此是内禅。禅法的功能是恶来不受，此名为弃。

闭口数息次数，息随气出入。知气发自何处，灭于何处。意若别有念想，不得数息；息有快慢大小，也不得数；耳听到声音噪杂，也不得数。数息若意专注于息的次数，此为不工巧。行意于意自身，乃可以止。数息若意只专注于息，此为不工巧，还应当知道意从何处生起，气灭于何所，此乃是息数相应。由此因缘条件灭尽，便是获得"定意"了。

所谓守意，指念想出入息终了，念系于息不生恶，所以是守意。见息有因缘而生，无因缘而灭；因缘断除，息即停止。数息属"至诚"，息不乱属"忍辱"。数息至于气细微，不再感觉气息出入；如此，应当守护一念，这就是"止"。息在身内，也在身外，获得因缘息即发生，罪未灭尽，所以有息；断灭因缘，息即不复再生。

数息为的是进入第二禅。为什么？因为不必依赖念想的功能，所以是进入第二禅。数息的次数，尚不算守意，念系于息乃是守意。息从外吸入，息未终了，息入于意中，在于灭尽识之为数所使。

十息有十种意念，为十系缚。其中相随有二种意念，为二系缚；只有一种意念，为一系缚。得不到息的次数为恶意，是意念与数不相系缚。恶意停止，乃得为数。由此和调，可以用意念系缚。

已成就息，即遗弃息；已成就相随，即遗弃相随；已成就止，即遗弃止；已成就观，即遗弃观，莫复还。所谓莫复还，就是不要再回头数息。

息也支使意念，意念也支使息。心有所念为息支使意，心无所念为意支使息。

息由四件事构成：一是风，二是气，三是息，四是喘。有声是风，无声是气，有出有入是息，气出入不尽是喘。

原典

数息断外，相随断内。数从外入，为断外，亦欲离外因缘；数从中出，为欲离内因缘。外为身离，内为意离。身离、意离，是为相随，出入息是为二事也。

数息为欲断内外因缘。何等为内外？谓眼、耳、鼻、口、身、意为内，色、声、香、味、细滑、念为外也。

行息为使意向空，但欲止余意。何以为向空？息中无所为故也。

数息意走不即时觉者，罪重意轻。罪引意去疾故，不觉也。行道已得息，自厌息，意欲转^①，不复欲数。如是为得息。相随、止、观亦尔也。

知出入息灭，灭为得息相；知生死不复用，为得生死相。已，得四禅，但念空为种道栽^②。

①"息，意欲转"，诸本作此，本经作"息，欲轻"。这里取前者。

②"道栽"，底本作"道哉"，《资》《碛》《普》《南》《径》《清》作"道也"，《丽》作"道栽"。这里取后者。

译文

数息在于断外；相随在于断内。若数随从外来的入息，即是断外，也是为了脱离外在的因缘；若数随从身内的呼出，那是为了离却内在的因缘。断外，指身离因缘；断内，指意离因缘。身离、意离，即是相随，出息、入息乃是两件事。

数息为的是断除内外因缘。什么是内外？所谓眼、耳、鼻、舌、身、意六根是内，色、声、香、味、触、念六境为外。

行息是为了令意念趋向于空，目的仅在制止其余的意念活动。为什么行息能做到趋向于空？因为息中无所作为。

数息时意念走离而不即时觉察，乃是罪重意轻。由于罪牵引意念迅疾走去，所以不能觉察。行道的人已经得息，就会自厌于息，意念希望转离，不再想数。这样做就是得息。相随、止、观也是如此。

知道出息入息灭，灭是得息的特征；知道生死不再起用，是把握了生死的特征。至此，达到四禅，但念想空，为道栽种。

原典

行息以得定，不复觉气出入，便可观。一当观五十五①事；二当观身中十二因缘也。

问：息出入宁有处不？

报：息入时是其处，出息时是其处。

数息身坐，痛痒、思想、生死、识止不行，是为坐也。

念息得道，复校计者，用息无所知故。

问：念息得道，何以为无所知？

报：意知息，息不知意，是为无所知。人不能得校计意，便令数息，欲令意定；虽数息，但不生恶，无有黠智。当何等行得黠慧？从一至十，分别定乱，识对行药已，得定意，便随黠慧，得校计，为堕观也。

问：何等为数？

报：数者，谓事。譬如人有事便②求，是为数罪；道人数福。何以故？正为十，一意起为一，二意起为二，数终于十，至十为竟，故言十数为福。复有罪者，用不能坏息，故为罪。亦谓意生死不灭，堕世间已，不断世间事，为罪也。六情为六事，痛痒、思想、生死、识，合为十事，应内十息；杀③、盗、淫、两舌、恶口、妄言、绮语、嫉妒、嗔恚、痴，应外十息，谓止不行也。

注释

① **五十五**：出自安世高译《道地经·五十五观章》："行道者，当为五十五因缘自观身，是身为譬，如沫不能捉；是身为譬，如大海不厌不足五乐……"指观身五十五事，以认知身之不净、非常、苦、空等。

② "便"，《丽》作"更"。

③ "杀"，原文作"煞"。

译文

由行息达到心定，不再觉知气息的出入，便可进入观察。其一应当观察五十五事，二当观察身中十二因缘。

问：气息出入是不是有处所？

答：息吸入时即是它的处所，息呼出时即是它的处所。

数息时身坐。受、想、行、识等心理活动停止不行，即所谓坐。

念系于息，已是得道。之所以还要再行思维观察，是因为息无所知。

问：既然念系于息，已是得道，为什么是无所知？

答：意了知息，息不了知意，此即为无所知。人们不能获得思维观察的意念，便令其数息，目的是令其意念安定；虽然已经数息，但只能不令生恶，却没有智慧。应当怎样修行获得智慧？从一息数到十息，分别何者是安定，何者是躁乱，认识有针对性地行药治疗，最后获得定意，便随顺智慧，得以思维观察，这就进入了观。

问：什么是数？

答：所谓数，就是办事。譬如人有事便去求索，这是数罪；修道的人是数福。为什么？正确的数是十，第一意念生起为一，第二意念生起为二，数终了于十，至十为完毕，所以说十数是福。另外，所谓有罪，是因为不能将息坏灭，所以是罪。也就是说，意念生死而不灭坏，堕于世间，而且不断世间事，此即为罪。眼、耳、鼻、舌、身、意六情为六事，与受、想、行、识四阴合为十事，相应于内十息；杀、盗、淫、两舌、恶口、妄言、绮语、嫉妒、嗔恚、痴十恶，相应于外十息，都应该止而不行。

原典

问：何等为十六事？

报：十六事①者，谓数至十；六者，谓数、相随、止、观、还、净。是②十六事，为行不离③，为堕道也。

问：数息念风为堕色④，何以应道？

报：行意在⑤数不念色。气尽便灭，堕非常，知非常为道也。

道人欲得道要，当知坐行二事：一者为坐，二者为行。

问：坐与行为同不同？

报：有时同，有时不同。数息、相随、止、观、还、净，此六事有时为坐，有时为行。何以故？数息意定⑥是为坐；意随法，是为行。已起意不离为行，亦为坐也。

坐禅法，一不数二，二不数一。一数二者，谓数一息未竟便言二，是为一数二。如是为过精进。二数一者，谓息已入⑦，甫言一，是为二数一。如是为不及精进。从三至四，五至六，七至八，九至十，各自有分部，当分别所属，在一数一，在二数二，是为法行，便堕精进也。

有三坐堕道：一为数息坐，二为诵经坐，三为闻经喜坐。是为三也。

坐有三品：一为味合坐，二为净坐，三为无有结^⑧坐。何等为味合坐？谓意着行不离，是为味合^⑨坐。何谓为净坐？谓不念为净坐。何等为无有结坐？谓结已尽，为无有结坐也。

息有三辈^⑩：一为杂息，二为净息，三为道息。不行道是为杂息。数至十息不乱，是为净息。已得道，是为道息也。

息有三辈：有大息，有中息，有微息。口有所语，谓^⑪大息止；念道，中息止；得四禅，微息止也。

注释

① "十六事"，底本作"十事"，《资》《碛》《普》《南》《径》《清》作"十六事"，据改。

② "是"，《丽》作"是为"。

③ "不离"，《碛》《普》《南》《清》作"已亦"。

④ **数息念风为堕色**：息指呼吸之气息，佛教分类属于风；风为地、水、火、风四大之一，属于色法，所以念风相当于念色。

⑤ "在"，《资》《碛》《普》《南》《径》《清》作"在道"。

⑥ "定"，底本作"走"，诸本作"定"，据改。

⑦ "入"，诸本作"入二"。

⑧ **结**：烦恼的异名之一，起系缚作用，令不得解脱的烦恼，特名为结。

⑨ "合"，《普》作"结"。

⑩ "三辈"，《普》作"二辈"。

⑪ "谓"，底本无，现据《丽》本改。

译文

问：什么是十六事？

答：所谓十事，指数息到十；所谓六事，指数息、相随、止、观、还、净。此十六事行而不离，那就进于道了。

问：数息的意念在风，念风当堕于色中，如何能相应于道？

答：意念运行于数息而不是意念于色。气息既尽，人便死灭，堕进"非常"，知道"非常"的道理，那就是道。

修道的人要想获得道的纲要，应当知道坐与行二件事，即一为坐，二为行。

问：坐与行是相同还是不相同？

答：有时相同，有时不相同。数息、相随、止、观、还、净，此六事有时为坐，有时为行。为什么？数息意念安定，此为坐；意念随顺于法，此为行。已经生起道意而不相离是行，也属于坐。

坐禅的方法是，当数一不数二，当数二不数一。所谓当数一而数二，指数第一息未完便数二，此为一数二。这种数法，是过于精进。所谓当数二而数一，指息已进入第二次，才刚刚数一，此为二数一。这种数法，是精进不够。从三到四，从五到六，从七到八，从九到十，各有各的位置，应当分别它们的归属，处于一息数一，在二息数二，此为随法而行，便是进入精进的范围。

有三种坐随顺于道：一是数息坐，二是诵经坐，三是闻经喜坐。此为三种。

坐有三种品类：一是味合坐，二是净坐，三是无有结坐。什么叫味合坐？指意专注于行而不相离，即是味合坐。什么叫净坐？指不作念想，即是净坐。什么叫无有结坐？指烦恼系缚已经断尽，即是无有结坐。

息有三类：一为杂息，二为净息，三为道息。但行息而不行道，即是杂息。数息到第十息而无错乱，即是净息。已经得道，即是道息。

息有三类：有大息，有中息，有微息。口有所言，为大息止；念想于道，为中息止；获得四禅，为微息止。

原典

问：佛何以教人数息守意？

报：有四因缘：一者用不欲痛故；二者用避乱意故；三者用闭因缘，不欲与生死会故；四者用欲得泥洹道故也。

譬喻说日，无光明者有四因缘：一者用有云故，二者用有尘故，三者用有大风故，四者用有烟故。数息不得，亦有四因缘：一者用念生死校计故，二者用饮食多故，三者用疲极故，四者用坐不得更罪地故。此四事来，皆有相：坐数息，忽念他事，失①息意，是为念校计相；骨节尽痛，不能久坐，是为食多相；身重意瞪懵，但欲睡眠，是为疲极相；四面②坐不得一息，是为罪地相。以知罪，当经行；若读经文坐，意不习③罪，亦祸消④也。

注释

① "失"，《普》作"夫"。

② "面"，《资》《碛》《普》《南》《径》《清》作"徒"。

③ "不习"，底本作"习"，现据诸本改。

④ "祸消"，《资》《碛》《普》《南》《径》《清》作"稍稍消"。

问：佛为什么教人数息守意？

答：有四个原因：一、为的是不欲受苦；二、为的是避免意念躁乱；三、为的是闭塞因缘，不与生死流转会合；四、为的是获得入于涅槃之道。

譬喻说日，没有光明有四个原因：一是因为有云，二是因为有尘，三是因为有大风，四是因为有烟。数息达不到预期的效用，也有四个原因：一是因为意念生死，筹算计较；二是因为饮食多；三是因为极度疲倦；四是因为坐非其地，不便于除罪。此四因导致的结果，都有相状可知：坐禅数息，忽然念想他事，失去守息的意念，这是意念转向筹算计较的相状；骨节尽痛，不能久坐，这是饮食多的相状；身沉重，意懵懂，但欲睡眠，这是极疲倦的相状；辗转四面坐而不得一息，这是罪地的相状。由于认识了罪过，应当依"经"而行；若读"经文"又坐，意想不习于罪过，祸也可以消除。

原典

道人行道，当念本。何等为本？谓心、意、识是为本。是三事皆不见，已生便灭，本意不复生，得是意为道意。本意已灭，无为①痛更因缘，生便断也。

定意日胜，日胜为定意。有时从息得定意，有时从相随得定意，有时从止得定意，有时从观得定意。随得定因缘直行也。

行息亦堕贪，何以故？意以定便喜故。便当计出入息②，念灭时，息生身生，息灭身灭，尚未脱生死苦。何以故？喜已计，如是便贪止也。

数息欲疾，相随欲迟。有时数息当安徐，相随时当为疾。何以故？数息意不乱当安徐，数乱当为疾。相随亦同如是也。第一数亦相随，所念异，虽数息③，当知气出入，意着在数也。

数息复行相随、止、观者，谓不得息。前世有习在相随、止、观，虽得相随、止、观，当还从数息起也。

数息意不离，是为法；离为非法。数息意不堕罪；意在世间，便堕罪也。

数息为不欲乱意，故意以不乱，复行相随者，证上次意知为止。止与观同，还与净同也。

行道得微意，当倒意者，谓当更数息。若读经已，乃复行禅微意者，谓不数息反行相随也。

注释

① "为"，《资》《碛》《普》《南》《径》《清》作"有"。

②"出入息"，《丽》作"出息入息"。

③"虽数息"，底本作"数杂息"，诸本作"虽数息"，据改。

译文

行道的人行道，应当念本。什么是本？所谓心、意、识，这就是本。此三事都不着见，已生执着，立即灭除，令本的意念不再发生。达到这种程度的意，就是道意。此本意已经灭除，不再成为受苦不断的因缘，生便断灭。

定意日益胜进，日益胜进为了定意。有时从数息获得定意，有时从相随获得定意，有时从止获得定意，有时从观获得定意。随着得定的因缘照直而行。

行息也会堕于贪。为什么？因为意想得定便生喜心。由此便当思察出入息和念灭时，息生身即生，息灭身即灭，尚未解脱生死之苦。为什么？喜的性质既经思察，如此便能制止贪。

数息要快，相随要慢。有时数息应当安徐，相随应当加快。为什么？数息时意不错乱，当会安徐；数乱时，定是加快。相随也同样如此。第一数息也相随，但所念有差别，虽然数息，当知气息的出入，意念系于数。

数息之所以还要再行相随、止、观，是因为不得息。有前世的旧因遗留在相随、止、观上，虽已获得相随、止、观，也仍然应当从数息开始。

数息的意念不离散，此即是法；离散则是非法。数息时的意念不堕于罪；意在世间，便堕于罪。

数息为的是不要扰乱意念。意念由于不乱而还要再行相随，是要证得上次的意念，知其为止。止与观相同，还与净相同。

行道若已达到微细的意念，当再行倒意。意思是说，当重新数息。如果读经已毕，仍然行禅达到微细的意念，乃是不数息反而修行相随了。

原典

佛有六洁意，谓数息、相随、止、观、还、净。是六事能制无形也。

息亦是意，亦非意。何以故？数时意在息为是；不数时意息各自行，是为非意。从意①生息已，止，无有②意也。

人不使意，意使人③。使意者，谓数息、相随、止、观、还、净。念三十七品经，是为④使意。人不行道，贪求随欲，是为意使人也。

息有垢，息不去垢，不得息。何等为息垢？谓三冥中最剧者，是为息垢。何等为三冥？谓三毒起时身中正冥，故言三冥。三毒⑤者，一为贪淫，二为嗔恚，三为愚痴。人皆坐是三事死，故言毒也。

数息时意在数，息未数时有三意：有善意，有恶意，有不善不恶意。

欲知人得息相者，当观万物及诸⑥好色，意不复着，是为得息相。意复着，是为未得，当更精进。

行家中意欲尽者，谓六情⑦为意家，贪爱万物皆为意家也。

相随者，谓行善法，从是⑧得脱，当与相随。亦谓不随五阴六入⑨，息⑩与意相随也。

注释

① "从意"，《资》《碛》《普》《南》《径》《清》作"从息"。

② "无有"，底本作"有"，诸本作"无有"，据改。

③ "人"，《资》《碛》《普》《南》《径》《清》作"人人"。

④ "为"，《碛》《普》《南》《径》《清》作"为人"。

⑤ "三毒"，《普》作"一毒"。

⑥ "诸"，底本作"谓"，诸本作"诸"，这里取

后者。

⑦ **六情**：即眼、耳、鼻、舌、身、意六种认识机能，通称六根。因六根能取六境，成为情欲产生的根基，故名六情。

⑧ "从是"，底本作"从"，诸本作"从是"。这里取后者。

⑨ **六入**：亦译作六处。有内、外二类。内六入指眼、耳、鼻、舌、身、意六根，外六入指色、声、香、味、触、法六境。本经意指内六入。

⑩ "息"，底本作"自"，诸本作"息"。这里取后者。

译文

佛有六种洁净的意念，即数息、相随、止、观、还、净。此六洁净事能控制无形的意。

息既是意，也不是意。为什么？数息时意专注于息，息即是意；不数时，意与息各自运行，息则为非意。从息产生意念，即停止了息，无有意的状态。

如果人不支使意念，意念即支使人。所谓"使意"，就是数息、相随、止、观、还、净。念想三十七品经，此为"使意"。如果人不行道，贪求随欲，此为"意使人"。

息有垢污，若息不去掉垢污即不得息。什么叫息垢？三冥中最剧烈的部分，乃是息垢。什么是三冥？指三毒生起时，身体正处在冥顽愚昧的状态，所以说为三冥。所谓三毒，一是贪欲，二是嗔恚，三是愚痴。人都因此三事致死，所以名之为毒。

数息时，意念系于数。息未数时，意有三种：有善意，有恶意，有不善不恶意。

要想知道人们得息的特征，应当观察万物及种种姣好美色，如果意念不再染着，就是得息的特征。如果意念依然染着，那是未得，应当更加努力精进。

欲令"行家中意"断尽。眼、耳、鼻、舌、身、意六情为意家，六情贪爱万物，都是意家。

所谓相随，指修行善法，并从行善法中获得解脱，应当与之相随。也可以说，不随逐五阴、六入，而是息与意相随顺。

原典

问：第三止，何以故正①在鼻头？

报：用数息、相随、止、观、还、净皆从鼻出入，意习故处，亦为易识，以是故着鼻头也。

恶意来者，断为禅。有时在鼻头止，有时在心中止。在所着为止。邪来乱人意，直观一事，诸恶来心不当动，心为不畏②之哉也。

止有四：一为数止，二为相随止，三为③鼻头止，四为息心止。止者，谓五乐④、六入⑤当制⑥之也。

入息至尽鼻头止，谓恶不复入，至鼻头止。出息至尽着鼻头，谓意不复离身行向恶，故着鼻头。亦谓息初入时，便一念向不复转，息出入亦不复觉，是为止也。

止者如，如⑦出息入息，觉知前意出，不觉后意出。觉前为意意相观，便察出入息，见败，便受相，畏生死便⑧却意，便随道意相也。

莫为相随者，但念着鼻头，五阴因缘不复念，罪断意灭，亦不喘息，是为止也。

莫为相随者，谓莫复意念出入，随五阴因缘，不复喘息也。

注释

① "正"，《资》《碛》《南》《丽》作"止"。

② "畏"，《碛》《普》《南》《径》《清》作"动"。

③ "为"，《资》《碛》《普》《南》《径》作"者"。

④ **五乐**：指眼、耳、鼻、舌、身五种官能对应于色、声、香、味、触五境之欲乐。

⑤ **六入**：又作六处。眼、耳、鼻、舌、身、意六根为内六入，色、声、香、味、触、法六境为外六入，

总称十二入，亦作十二处。

⑥"制"，诸本作"制止"。

⑦"如"，底本无，现据《丽》本补上。

⑧"使"，《资》《碛》《普》《南》《径》《清》无。

译文

问：第三止，为什么要止在鼻头？

答：因为数息、相随、止、观、还、净，都是从鼻子出入，意念习惯于旧的地方，也因为此处易于识别，所以专注于鼻头。

恶意若来，断灭就是禅。有时在鼻头止，有时在心中止。专注于所着为止。如果有邪念来扰乱人意，即直观想一事，诸恶来时心不当动，心成为无所畏惧的了。

止有四种：一是数止，二是相随止，三是鼻头止，四是息心止。所谓止，意思是说，五乐、六入当加以制止。

所谓入息至尽鼻头止，意思是说，恶不再能继续进入到了鼻头就止住了。所谓出息至尽着鼻头，意思是说，意念不再离散，而令身行向恶，所以专注于鼻头。也可以这样说：息初吸入时，便专心一念对向它不再转移。至于息是出是入也不复觉察，那就是止。

所谓止，就是如，如出息、入息。若觉知前意出，不觉后意出，其觉前的观想名"意意相观"，因此便会觉察出入息表现的败坏，接受这种败坏相，畏惧生死无常，便会除却随逐于息的意念，而随顺于道意。

所谓莫为相随，指但念着鼻头，不再意念五阴等因缘，由此罪断意灭，也不知喘息，此即为止。

所谓莫为相随，指不要再去意念息的出入，追随五阴等因缘，由此也不再感到喘息。

原典

第四观者，观息败时，与观身体异。息见因缘生，无因缘灭也。

心、意受相者，谓意欲有所得，心计因缘会，当复灭，便断所欲，不复向是，为心、意受相也。

以识因缘为俱相观者，谓识知五阴因缘，出息亦观，入息亦观。观者，谓观五阴，是为俱观。亦应意意相观，为两因缘，在内断恶念道也。

观出息异，入息异者，谓出息为生死阴，入息为思想因^①；有时出息为痛痒阴，入息为识阴。随因缘起便受阴，意所向无有常用，是故为异。道人当分别知是。亦谓出息灭，入息生；入息灭，出息生也。

无有故者，谓人意及万物。意起已灭，物生复死，是为无有故也。

出息^②是，入息非；入息是，出息非，谓出息时意不念入息，入息时意不念出息；所念异故，言非也。

中信者，谓入道中，见道因缘，信道，是为中信也。

注释

① "因"，《大正》作"阴"。
② "出息"，诸本作"非出息"，不从。

译文

第四，所谓观，观息败灭时，与观身体不同。息表现为有因缘而生，无因缘即灭。

所谓"心、意受相"，意思是说，当意欲有所得时，心即筹算，因缘会合，必当复灭，由此断除所欲，不再向往此等所欲，这就是心、意受相（心意受用道意的相状）。

所谓"以识因缘为俱相观"，意思是说，识了知五阴产生的因缘，出息也观，入息也观想。所谓观，就是观想五阴；（出息观、入息观）就是俱（相）观。也应该意意相观（以后意观前意），这是在内断除恶念的途径。总之，乃是两种因缘。

所谓"观出息异，入息异"，意思是说，出息为五阴中的行阴，入息为想阴；有时出息为受阴，入息为识阴。随着因缘条件生起的不同而受用诸阴，意念所向，无有永恒不变的功用，所以说之为异。修道的人应当分别了知这个道理。所谓异，也可以说出息灭，入息生；入息灭，出息生。

所谓"无有故"，指人、意以及万物。意起既毕，即趋泯灭，万物生而复死，（古不至今）此名之为无有故。

所谓"出息是，入息非；入息是，出息非"，指出息时意不念想入息，入息时意不念想出息；所念想的对象不同，所以说其为非。

所谓"中信"，指在悟入佛道中，由于以见道为因缘而归信于道，所以叫中信。

原典

第五还弃结者，谓弃身七恶①。第六净弃结者，为弃意三恶②。是名为还。

还者，为意不复起恶；恶者，是为不还也。还身者，谓还恶得第五还。尚有身，亦无身，何以故？有意有身、无意无身，意为人种，是名为还。

还者，谓意不复起恶；起恶者，是为不还。亦谓前助身，后助意。不杀、盗、淫、两舌、恶口、妄言、绮语，是为^③助身；不嫉、嗔恚、痴，是为助意也。

还五阴者，譬如买金得石，便弃捐地不用。人皆贪爱五阴，得苦痛便不欲，是为还五阴也。

何等为使见灭尽处？谓无所有，是为灭处。

问：以无所有，何以故为处者？无所有处有四处：一者飞鸟以空中为处，二者罗汉以泥洹为处^④，三者道以无有为处^⑤，四者法在观处也。

出息入息受五阴相者，谓意邪念疾转^⑥还正，以生觉断，为受五阴相。言受者，谓受不受相也。

注释

① **身七恶**：指十恶中属于身业的七恶，即杀、盗、淫、两舌、恶口、妄言、绮语。

② **意三恶**：指十恶中属于意业的三恶，即贪欲、嗔恚、疑（或作痴）。

③ "为"，《径》作"谓"。

④ **罗汉以泥洹为处**：罗汉，为阿罗汉之略称，系早期佛教和部派佛教修持所得的最高果位。泥洹，即涅槃，系早期佛教和部派佛教的最高理想，也是阿罗汉的最终归宿。

⑤ **道以无有为处**：此"无有"，意谓不受特定时空的局限，不为诸"有"所沾染。

⑥ "转"，底本作"辄"，诸本作"转"，这里取后者。

译文

所谓"第五还弃结"，指捐弃由身体发动的杀、盗等七恶；所谓"第六净弃结"，指捐弃由意识发动的愤怒等三恶。这两种弃结，总名为还。

所谓"还"，指意不再起恶；而恶，即为不还。所谓"还身"，指捐弃之恶，可以获得第五还（弃身七恶）。此时尚有身，也无有身。为什么？有意即有身，无意即无身，因为意是人的种子，这就是还。

所谓"还"，指意不再起恶；起恶，即是不还。也可以说，前（第五还弃结）助身（弃恶），后（第六净弃结）助意（弃恶）。不杀、盗、淫、两舌、恶口、妄言、绮语，是为助身；不嫉、嗔恚、痴，是为助意。

所谓"还五阴"，譬如买金得石，便抛弃地上不用。人人贪爱五阴，由此受得苦痛，便不再欲求，此即为还五阴。

什么叫作便见灭尽处？所谓无所有，乃为灭处。

问：既是"无所有"，为什么还成为"处"？无所有处有四处：一、飞鸟以空中为其处；二、阿罗汉以涅槃为其处；三、道以无有为其处；四、法存在于观想"处"。

所谓"出息入息受五阴相"，意思是说，意若流入邪念，应当迅疾回到正念上去，用生起的觉悟断灭，此即为"受五阴相"。此处所言"受"，就是受"不受相"。

原典

以受五阴相，知起何所，灭何所。灭者为^①十二因缘^②。人从十二因缘生，亦从十二因缘死。不念者，为不念五阴也。知起何所，灭何所，谓善恶因缘起，便复灭。亦谓身，亦谓气生灭。念便生，不念便死，意与身同等，是为断生死道。在是生死间^③，一切恶事皆从意来也。

今不为前，前不为今者，谓前所念已灭，今念非前念。亦谓前世^④所作，今世所作，各自得福。亦谓今所行善，非前所行恶。亦谓今息非前息，前息非今息也。

为生死分别者，为意念生^⑤即生，念灭即灭。故言生死，当分别万物及身，过去、未来福为索尽。何以故尽？以生便灭，灭便尽，以知尽当尽力求也。

观上头^⑥无所从来者，谓人无所从来，意起为人。亦谓人不自作来者，为有所从来。人自作自得，是为无所从来也。

生死当分别者，谓知分别五阴。亦谓知分别意生死，人意为常，知无有常，亦为分别也。

后观⑦无处所者，为念⑧现在，不见罪人，在生死会，当得无有脱于罪故，言后观⑨无有处所。

未得道迹⑩，不得中命尽，谓已得十五意⑪，不得中死；要当得十五意，使堕⑫道，亦转上至阿罗汉也。中得道⑬，亦不得中命尽，为息、意、身凡三事。谓善恶意要当得道迹，亦复中坏；息死复生，善意起复灭；身亦不得中死也。

注释

① "为"，诸本作"为受"。

② **十二因缘**：早期佛教和部派佛教中最基本的"缘起"理论，是众生本原及其流转三世因果，即无明、行、识、名色、六处（六入）、触、受、爱、取、有、生、老死。

③ "间"，《资》《碛》《普》《南》《径》《清》作"闻"。

④ "前世"，底本为"前"，《资》《碛》《普》《南》《径》《丽》作"前世"，现据改。

⑤ "念生"，底本为"念"，诸本作"念生"，这里取后者。

⑥ **上头**：相当"前际"，这里指人生的开端、本原。

⑦ "观"，诸本作"视"。

⑧ "念"，诸本作"今"。

⑨ "观"，原本作"视"，疑误，故改为"观"。

⑩ **道迹**：道是菩提的旧译，迹为轨迹，即菩提之道。

⑪ **十五意**：是指见道苦法忍等"十五心"。此十五心在全部修习中属于"见道"范围。

⑫ "使堕"，诸本作"便随"。

⑬ "道"，《资》《碛》《普》《南》《径》《清》作"道迹"。

译文

由于此"受五阴相"，就会知道五阴起于何所，灭于何所。所谓"灭"，指十二因缘。人从十二因缘生，也从十二因缘死。所谓"不念"，就是不念想五阴。所谓"知起何所，灭何所"，意思是说，善恶的因缘生起，便复灭除。也可以说是"身"，也可以说是"气"的生灭。有念即生，无念便死，意与身是同等的，（所以不念五阴）就是断绝流转生死的道路。在此生死流转之间的一切恶事，都是从意想中来的。

所谓"今不为前，前不为今"，意思是说，先前所念已经熄灭，现在所念不是先前所念。也可以说，前世所作（善），今世所作（善），各得各的福。也可以说，现在所行善，不是先前所行恶。也可以说，现在的气息不是先前的气息，先前的气息不是现在的气息。

所谓"为生死分别"，指"意"若念生即生，若念灭即灭。所以名为生死，由此当分别万物及自身，过去、未来福为消尽。为什么会尽？因为有生便有灭，有灭便有尽。由于知尽，便当尽力求道。

所谓"观上头无所从来"，意思是说，人无所从来，"意"起为人。也有一说，人不是由于自作才来的，而是有所从来。人是自作自得，所以为无所从来。

所谓"生死当分别"，意思是说，应当知道分别五阴。也可以说，知道分别意的生死，人以"意"为常，知无有常，也是分别。

所谓"后观无处所"，指念想现在，不要产生罪人的观念，因为在生死合会中，当知没有能从罪中解脱出来的，据此说"后观无处所"。

没有走上"道"的轨迹，不得中途命尽。意思是说，修持已经达到"十五意"，不得中间死去；必须达到"十五意"，使之悟"道"，并辗转上进至于阿罗汉。中间得道，也不得中途命尽，指息、意、身三件事。也就是说，属于善恶的意念，既要进入"道"的轨迹，也要中途坏灭；"息"死而复生，善意起而复灭；身则不得中途死去。

原典

何等为净？谓诸所贪欲为不净，除去贪欲是为净。

何等为五阴相？譬喻火为阴，薪为相也。

从息至净，是皆为观，谓观身、相随、止、观、还、净，本为无有。

内意数息，外意断恶因缘，是为二意也。

问：何以故不先内外观身体①，反先数息、相随、止、观、还、净？

报：用意不净故，不见身；意已净，便悉见身内外。

道行②有十九行③，用人有十九病④故，亦有十九药。观身念恶露⑤，是⑥止贪淫药；念四等心⑦，是为止嗔恚药；自计本何因缘有，是为止愚痴药；安般守意，是为多念药也。

内外自观身体，何等为身？何等为体？骨肉为身，六情合为体也。何等为六情？谓眼合色，耳受声，鼻向香，口欲味，细滑为身，衰意⑧为种，栽⑨为痴⑩，为有生物也。

内外身体所以重出者何？谓人贪求有大小，有前后，谓所欲得当分别观。观者见为念，念因见观者为知也。

身观止者，坐念起，起念意不离，在所行意，所着为识，是为身观止也。

出息入息念灭时，何等为念灭时？谓念出入气尽时，意息灭。出息入息念灭时，譬如画空中无有处[11]，生死意、道意俱尔也。出息入息念灭时，亦不说息意息[12]。说灭时，出息入息念灭时，初从[13]因缘生，断本为灭时也。

注释

① **内外观身体**：指观身不净的不净观，属四念住之一，与安般禅并为二甘露门。

② "道行"，《资》《碛》《普》《南》《径》《清》作"道所"。

③ **十九行**：指观身，即不净观；念四等心，即慈、悲、喜、舍的慈悲观；本何因缘有，即因缘观中的十二有支；安般守意，即数息观，此处将吸、呼二息作二行，总为十九行，亦即下文之十九药。

④ **十九病**：见《修行道地经》："观察人情凡十九辈……一曰贪淫，二曰嗔恚，三曰愚痴，四曰淫怒，五曰淫痴，六曰痴恚，七曰淫怒愚痴，八曰口清意淫，九曰言柔心刚，十曰口慧心痴，十一者言美而怀三毒，十二者言粗心和，十三者恶口心刚，十四者言粗心痴，

十五者口粗而怀三毒，十六者口痴心淫，十七者口痴怀怒，十八者心口俱痴，十九者口痴心怀三毒。"

⑤ **恶露**：指人体种种排泄物和腺体。佛教一般认为，人身有三十六种不净物，大都属于"恶露"。

⑥ "是"，《大正》作"是为"。

⑦ **四等心**：即四无量禅，十二门禅之一。以慈、悲、喜、舍的观念观察无量众生。

⑧ **衰意**：据康僧会序，即是邪念、溢荡的心，是孳有万亿的种子。

⑨ "栽"，《碛》《普》作"裁"，《南》作"载"，不从。

⑩ **痴**：即十二因缘中的无明，是播种、栽植，令种子得以滋长的原因。此处是用衰意与痴，解释六情中的意与法。

⑪ "处"，《资》《碛》《普》《南》《径》《清》作"是处"。

⑫ "息"，《资》《碛》《普》《南》《径》《清》作"自"。

⑬ "初从"，诸本作"物从"。

译文

什么是净？此处指一切贪欲是不净，除去贪欲就是净。

什么是五阴的相状？譬如火是阴，则薪就是它的相状。

从息到净，都属于观。意思是说，观身、相随、止、观、还、净，本为无有。

内意专注于数息，外意专注于断恶，此二因缘，即是二意。

问：为什么不先内外观身体，反而先数息、相随、止、观、还、净？

答：因为意不净，所以不见身（的本质）；意若是已净，便能普遍见到身内身外（的本质）。

循道所行有"十九行"，因为人有十九种病，也有十九种药。观察身，念想身内充满恶浊的液体，是制止贪淫的药；念想慈、悲、喜、舍四种平等心理，是制止愤怒的药；自计念此身体是从十二因缘而有，是为制止愚痴的药；安般守意则是制止念想太多的药。

所谓"内外自观身体"，什么是"身"？什么是"体"？骨肉为身，与六情和合是体。什么是六情？眼迎合色，耳受纳声，鼻追随香，口欲求味，以细滑等触觉为身，衰颓的意是种子，栽植（而成万物）就是痴，由此六情而为有生之物。

此内外身体之所以一再解释，是因为人的贪求有大有小，有前有后。意思是说，对于贪欲的对象，应当分别观察。观察所见为"念","念"因所见而观察的叫作"知"。

所谓"身观止",坐禅时,(身不净之)念生起,起念后,意不离散,所在皆行此"意",所执着皆以(此念)识别,这就是"身观止"。

所谓"出息、入息念灭时",什么叫念灭时?念想出气、入气尽了的时候,也就是说,系念于息的意想灭。出息入息的意念灭的时候,譬如画空,无有处所,不论"生死意",还是"道意",都是如此。出息入息的意念熄灭时,也不说是息(灭),还是系息的意(灭)。说灭时,就是出息入息的意念熄灭时,开初从因缘生起,断除根本称为"灭时"。

原典

内外痛痒见观者①,为见痛痒所从起,便观,是为见观也。内外痛痒者,谓外好物为外痒,外恶物为外痛;内可意为内痒②,内不可意为内痛。在内为内法,在外③外因缘为外法。亦谓目为内,色为外;耳为内,声为外;鼻为内,香为外;口为内,味为外;心为内,念为外。见好细滑意欲得,是为痒;见粗恶意不用,是为痛。俱堕罪也。

痛痒观止者,若人臂④痛,意不作痛,反念他一切身痛，如是以意不在痛为止。痛亦可念，亦不可念。念痛无所着；自爱身当观他人身；意爱他人身，当自观身，亦为止也。

内外痛痒所以重出者何？谓人见⑤色，爱有其薄厚，意⑥不等观，多与少异故。重分别观道，当内观有痴，当外观以自证也。

身心痛痒各自异，得寒热、刀杖痛极，是为身痛；得美饭、载车、好衣，身诸所便，是为身痒。心痛者，身自忧，复忧他人及万事，是为心痛；心得所好及诸欢喜，是为心痒也。

注释

① **内外痛痒见观者**：即观受是苦，属四念住之一。痛、痒是苦、乐的古译。

②"内痒"，《碛》《南》作"痛痒"。

③"外"，诸本无此字。

④"臂"，《资》《碛》《普》《南》《径》《清》无此字。

⑤"见"，《资》作"俱"。

⑥"有其薄厚，意"，诸本作"有薄厚，其意"。

译文

所谓"内外痛痒见观"（即观受阴），为见痛痒等感受产生的缘由，便观此痛痒，这就是见观。所谓"内外痛痒"，外在的美好物为外痒，外在的粗恶物为外痛；内在的可意感为内痒，内在的不可意感为内痛。在内的是内法；在外的外因缘是外法。也可以说，眼是内，色是外；耳是内，声是外；鼻是内，香是外；口是内，味是外；心是内，念是外。见到美好细滑之物，意欲享得，此为痒；见到粗恶之物，意所不用，此为痛。痛、痒都属于罪过范围。

所谓"痛痒观止"，意思是说，如果人感到臂痛苦，"意"不以痛苦，反而念想其他一切人身的痛苦，如此以"意"不执着于自己的痛苦，即是"止"。痛，既可以念想，也不可以念想。念想痛苦而无所执着；自爱己身，也当观他人之身；以"意"爱于他人之身，也当自观己身，也属于"止"。

此"内外痛痒"之所以一再解释，是因为人见物色，而爱有厚有薄，其意不能平等观待，有多有少的差别。重新分别观察之道，在于内观有痴，外观以自证（平等之理）。

身、心的痛痒各有不同。受到寒热、刀杖等痛楚之极，此为"身痛"；获得美饭、车骑、好衣等令身便利，此为"身痒"。所谓"心痛"，指自身既已忧苦，又忧苦他人及万事，此为"心痛"；内心所得喜好和感受种种欢喜，此为"心痒"。

原典

意相观者，有两因缘，在内断恶念道，一者谓五乐、六衰^①，当制断之。观者自观身，身不知粗细，以得乃觉，是为意意相观。意意相观，息亦是意，数亦是意，数时观息为意意相观也。

意观^②止者，欲淫，制不为；欲嗔恚，制不怒；欲痴，制不作；欲贪，制不求。诸恶事一切不向，是为观止，亦谓以知三十七品经，常念不离，为止也。

出息入息尽、定便观者，尽谓罪尽，定谓息止意，定观者谓观止^③还净也。尽止者，谓我能说是，更见是^④晓是，遍更是，是为尽止也。

所起息^⑤，若布施作福^⑥一切善法，已起便灭^⑦，更意念耶？向习罪行亦无数，故世^⑧今世意不如是相随，他人亦尔。已^⑨知觉当断，已^⑩断，为内外意意观止也。

内外法法者，内法谓身，外法谓他人。有持戒法，有不持戒法，是为内外法法^⑪也。

内法谓行黠不离三十七品经，一切余事意不堕中，行道得道，是为内法；外法谓堕生死，谓^⑫生死行，便得生死不脱。一切当断已断，为内外法观止也。

法观止者，一切人皆自身为身，谛校计非我身。何以故？有眼有色，眼亦非身，色亦非身，何以故？人已死^⑬有眼无所见，亦有色无所应，身如是。但有识亦非身，何以故？识无有形，亦无所轻止。如是计眼、耳、鼻、舌^⑭、身、意亦尔。得是计为法观止，亦谓不念恶为止，念恶为不止。何以故？意行故也。

注释

① "一者谓五乐、六衰"，疑为"一者谓五乐，二者六衰"。

② "意观"，底本作"观"，诸本作"意观"，据诸本改。

③ "观止"，底本作"止"，诸本作"观止"，据诸本改。

④ "更见是"，《丽》无。

⑤ "所起息"，疑为"所起意"之误。

⑥ "作福"，底本为"作礼"，诸本作"作福"，据诸本改。

⑦ "已起便灭"，底本为"以起便灭"，《频伽》作"已起便灭"，据改。

⑧ "世"，《南》《径》《清》作"更"。

⑨⑩ "已"，底本均为"以"，《频伽》作"已"，据改。

⑪ "法法"，《碛》《普》《南》《径》《清》作"法"。

⑫ "谓"，《碛》《普》《南》《径》《清》作"随"。

⑬ "人已死"，底本为"人以死"，《频伽》作"人已死"，据改。

⑭ "舌"，底本为"口"，《丽》作"舌"，据改。

译文

所谓"意相观"，有两种因缘，在内断除恶念的途径，一是眼、耳、鼻、舌、身五根对五境的欲乐，二是色、声、香、味、触、法六种衰败道意的尘境，应当加以制止断灭。所谓"观"，指自观其身。身本身并不知道是粗是细，由于受得，始能觉察，这就是"意意相观"。此意意相观，息也是意，数也是意，数息同时观息，就是意意相观。

所谓"意观止"，意思是说，淫欲生起，制其不为；即欲嗔恚，制其不怒；即欲行痴，制其不作；即欲贪婪，制其不求。凡诸恶事，一切不趋向，此为"观止"，也可以说，已经认知三十七品经，经常念想而不脱离，此即是"止"。

所谓"出息入息尽、定便观"，其中尽指罪尽，定指以息止住意（的散乱），"定观"的意思是观止而还于"净"。"尽止"的意思是我能说此道理，更能见此道理，晓此道理，普遍贯彻，这就是"尽止"。

由"尽止"所起之"意"，如果用于布施作福及一切善法，则此意已起便灭，还是要再做意念？一向习于罪行不可计数，过去、现在意不与道相随，他人也是如此。既已知觉，应当断除；已经断除，就是内外意意观止。

所谓"内外法法"，内法指身，外法指他人。又，有持戒法，有不持戒法，也是内外法法。

内法的意思是运行智慧不离三十七品经，其余一切，意想不随，行道得道，此为内法；外法指堕落于生死流转，意思是说，由于有生死诸行，便得在生死流转中不得解脱。此等一切应当断除的均已断除，就是内外法观止。

所谓"法观止"，一切人都把自身看作是身；真实思维观察，自身非我身。为什么？如人有眼有色，眼非身，色也非身。为什么？如人已死，即使有眼，也无所见，有色也无所反映，身就是如此。然而，但有识也非身，为什么？因为识无形状，也没有轻微的停止。同所考察的眼一样，耳、鼻、舌、身、意也是如此。达到这种认识，就是法观止，也可以说，不意念恶为"止"，意念恶为"不止"。为什么？因为"止"与"不止"是随"意"而行。

2 卷下

《佛说大安般守意经》卷下①

后汉安息三藏安世高译②

出息入息自觉，出息入息自知，当时为觉，以后为知。觉者，谓觉息长短；知者，谓知息生灭、粗细、迟疾也。

出息入息觉尽止③者，谓觉出入息欲报时为尽，亦计万物身生复灭；止④者，谓意止⑤也。

见观空者，行道得观，不复见身，便堕空无所有者，谓意无所着。意有所着因，为有。断六入，便得贤明。贤谓身，明谓道也。

知出何所，灭何所者，譬如念石出石，入木石便灭。五阴亦尔，出色入痛痒，出痛痒入思想，出思想入生死，出生死入识，已分别是，乃堕三十七品经⑥也。

问⑦：何等为思维无为道？

报：思为校计，惟为听，无为不念万物，为者如说行道；为得故，言思维无为道也。思为念，惟为分别白黑；黑为生死，白为道，道无所有；已分别无所有，便无所为，故言思维无为道。若计有所为、所着，为非思维。思亦为物，惟为解意，解意便知十二因缘事。亦谓思为念，惟为计也。

注释

① "卷下"，底本为《高丽藏》本。

② 译者，《资》《普》作"后汉沙门安世高译"；《碛》《南》《径》《清》作"后汉安息国三藏法师安世高译"。

③④⑤ "止"，诸本作"心"，不从。

⑥ "经"，诸本作"结"，不从。

⑦ "问"，诸本作"问曰"。

译文

所谓"出息入息自觉，出息入息自知"，当时为觉，以后为知。所谓"觉"，指觉察气息的长短；所谓

"知"，指了知气息的生灭、粗细、快慢。

所谓"出息入息觉尽止"，觉察出息、入息即将转换的时刻名尽，计较万物诸身生而复灭也是"尽"；所谓"止"，"意止"的意思。

所谓"见观空"，意思是说，行道获得的观念，不再见到有身，便悟入空无所有，就是说，意无有执着。意有所着作因，也即是有。断灭眼、耳等六入，便获得贤明。所谓贤，即指身；所谓明，即指道。

所谓"知出何所，灭何所"，譬如专念于石，便出现石；念入于木，石便熄灭。五阴也是如此，出现色而入于受；出现受而入于想；出现想而入于行；出现行而入于识。对五阴做如此分别，乃进入三十七品经中。

问：什么是思维无为道？

答：思指比较筹算，维指听受，无指不念想万物，为指依佛说行道。为的是得道，所以说是思维无为道。又，思指念想，维指分别白黑；黑指生死，白指道，道无所有；已分别无所有，便无有所为，所以说是思维无为道。如果算计有所为，有所着，是为非思维。思也可以是物，维指有理解能力的意，解意便知十二因缘所做诸事。也可以说，思指念想，维指算计。

原典

断生死得神足^①，谓意有所念为生，无所念为死。得神足者，能飞行故，言生死当断也。

得神足有五意：一者喜，二者信，三者精进，四者定，五者通^②也。四神足^③念不尽力得五通^④，尽力自在向六通。为道人四神足，得五通，尽意可得六通^⑤。尽意谓万物意不欲也。

一信，二精进，三意，四定，五黠，是五事^⑥为四神足念。为力者^⑦，凡六事也，从信为属，四神足念。从喜、从念、精进，从定、从黠，是为属五根也。

从喜定谓信道，从力定谓精进，从意定谓意念定，从施定谓行道也。为种故有根。

有为之事，皆为恶，便生想，不能得胜，谓得禅是因为力。亦谓恶不能胜，善意灭复起故为力。力定者，恶意欲来不能坏善意，故为力定也。

注释

① **神足**：神，指自在无碍，随意而行；足，譬喻禅智，据说由禅智可获得随意自在的神力，名神足。或作为五通、六通之一，四神足之一，此处特指三十七道品中的四神足。

② **通**：神通之略称。

③ **四神足**：后出经典多指由欲、勤、心、观所成之禅定，本经另有解释。

④ **五通**：指五种神通，所谓如意通、天眼通、天耳通、宿命通、他心通。被认为是凡圣离欲而行四禅均可获得的神通。"通"字，《资》作"道"。

⑤ **六通**：上述五通增加漏尽通。被认为是唯有离凡的圣者或佛才能获得的神通。"通"字，《资》作"道"。

⑥ **五事**：此五事后称五根，指令善法增长的心理条件。其中第三意，通译为念，指忆念不忘。第五黠，即慧。然而本经对五根的解释有异。

⑦ **为力者**：力指令五根增长的努力，即努力促进信、精进、念、定、慧的坚定增长。本经将此力作为独立的心理要素运用。"者"字，诸本作"至"。

译文

所谓"断生死，得神足"，意有所念想为生，无所念想为死；得神足的人能够飞行，所以说生死当断。

获得神足有五种意：一是喜，二是信，三是精进，四是禅定，五是神通。总有四种"神足念"，其中"不尽力"的可以获得"五通"；"尽力"而自在的可以趋向"六通"。意思是说，修道的人行"四神足念"，一般

获得"五通"，如果"尽意"，可以获得"六通"。所谓
"尽意"，即"意"不对万物有所欲求。

一信、二精进、三意念、四定、五黠慧，此五事为
四神足念。加上努力，总共六事，皆归属于信而作为四
神足念。从喜、从念、从精进、从禅定、从黠慧，是从
属于五根。

从"喜"得定乃是信"道"，从"力"得定乃是
"精进"，从"意"得定乃是"意念定"，从"施"得定
乃是"行道"。因为有种，"所以有根"。

生灭变化等有为之事，都属于恶，据此便产生观
想，令恶不能得胜。意思是说，获得禅定，是因为有
"力"；也可以说令恶不能胜，因为善意既灭能令之复
起，名之为"力"。所谓从"力"得"定"，就是"恶
意"欲来而不能毁坏"善意"，所以说为"力定"。

原典

道人行道未得观，当校计得观，在所观意不复转。
为得观，止恶一法；为坐禅，观二法：有时观身，有时
观意，有时观喘息，有时观有，有时观无，在所因缘当
分别观也。

止恶一法，观二法，恶已尽止^①观者，为观道。恶
未尽，不见道，恶已尽乃得观^②道也。止恶一法为知恶，

一切能制，不着意为止。亦为得息想随止。得息想随止，是为止恶一法；恶已止便得观故，为观二法。

为得四谛，为行净，当复作净者。识苦弃习，知尽行道③，如日出时，净转出十二门④故，经言：从道得脱也。

去冥见明，如日出时，譬如日出多所见，为弃诸冥，冥为苦。何以知为苦？多所罣碍，故知为苦。何等为弃习⑤？谓不作事。何等为尽证？谓无所有。道者明识苦、断习⑥、尽证、念道。

识从苦生，不得苦亦无有识，是为苦也。尽证者，谓知人尽当老病死。证者知万物皆当灭，是为尽证也。

譬如日出作四事：一坏冥，谓慧能坏痴；二见明，谓痴除独慧在；三⑦见色万物，为见身诸所有恶露；四成熟万物，设无日月，万物不熟，人无有慧，痴意亦不熟也。

上头行俱行者，所行事已⑧行，不分别说，谓行五直声，身心并得⑨行也。

即是上述之四谛。习后译为集，尽后译为灭。苦、习指世间因果，用以说明三界流转及其性质；尽、道指出世间因果，用以说明解脱之道和最后的归宿。此说体现了佛教的基础教理和实践。"习"，《碛》《普》《南》《径》作"集"。

④ 十二门：此处指眼、耳、鼻、舌、身、意六根和色、声、香、味、触、法六境。一般称作十二入或十二处。

⑤⑥ "习"，《碛》《普》《南》《径》作"集"。"习"是"集"的旧译。

⑦ "三"，《南》作"不"。

⑧ "已"，诸本无。

⑨ "得"，《碛》《普》《南》《径》作"俱"。

译文

行道的人行道尚未达到观，应当筹算达到观，凡于所观，意念不复转移。为了达到观，有止恶一法；为了坐禅，应观二法：有时观身，有时观意，有时观喘息，有时观有，有时观无。根据所在的因缘，应当分别观察。

所谓止恶一法，观二法，恶已灭尽而行止观为的是观道。恶未灭尽，不能见道，所以恶已灭尽始得观道。

此中止恶一法，指能知恶，且能制止一切恶；不令意有所执着，乃是止。也可以说，得息的念想，随着专注于息而止。此得息想随息而止，是止恶一法；由于恶已被制止，便得以观察，即是观二法。

为了获得四谛，为了行净，应当再次作净。意思是说，认识世间人生的本质是苦，捐弃造成诸苦的习性，知道灭尽诸苦和习性的归宿，修行达到此一归宿的道德，则如日出时，洁净转而由眼耳、色声等十二门中出离，所以佛经说：从道得解脱。

所谓"去冥见明"，如日出时，譬如日出，所见多广，此为弃诸冥，冥即是苦。何以知其为苦？因为冥暗多所罣碍，所以知其为苦。什么叫捐弃习性？指不造作事业。什么叫尽证（证得灭谛）？指无所有。所谓道，就是明了识苦、断习、尽证、念道（认识和实行四谛）。

认识从苦而生，不识得苦，也没有对苦的认识，此乃是苦。所谓尽证（尽），就是了知凡人尽当老病死；所谓证，就是了知万物皆当灭亡，此乃是尽证。

譬如日出，能做四件事：一、破坏暗冥，意思是说，慧能破坏愚痴；二、显现明亮，意思是说，愚痴除尽，独有慧在；三、明见诸色万物，即现见身上所有恶浊腺液；四、成熟万物，若无日月，万物不会成熟，人若没有智慧，破坏愚痴的意也不会成熟。

所谓"上头行俱行",指所当行与事已行不能分开讲,也就是说,修行信等五根,是从头到尾说下来的,身心并得修行。

原典

从谛念法,意着法中;从谛念法,意着所念,是便生是。求生死,得生死,求道得道。内外随所①起意,是为念法,意着法中者。从四谛自知意,生是当得是,不生是不得是,便却意畏不敢犯。所行所念常在道,是为意着法中也。是名为法正,从谛本起,本着意。法正者,谓道法;从谛,谓四谛。

本起着意者,谓所向生死万事,皆从本意起,便着意,便有五阴。所起意当断,断本,五阴便断。有时自断,不念。意自起为罪,复不定在道,为罪未尽故也。

意着法中者,谛意念万物,为堕外法中;意不念万物,为堕道法中。五阴为生死法,三十七品经为道法。

意着法中者,谓制五阴不犯,亦谓常念道不离,是为意着法中也。

所本正者,所在外为物本,为福所在。内揔②为三十七品经,行道非一时端故。所本者,谓行三十七品经法,如次第随行;意不入邪为正,故名为所本正。所本正各自异行:以无为对本,以不求为对正,以无为为对无为，以不常为对道，以无有为对亦无有所^①，亦无有本，亦无有正，为无所有也。

定觉受身。如是法道，说谓法定。道说者，谓说所从因缘得道。

见阴受者，为受五阴。有入者，为入五阴中。因有生死阴者，为受正；正者，道自正。但当为自正心耳。

注释

① "所"，诸本作"行"。
② "揔"为"总"的俗写。

译文

专注于念想诸法，意便着于诸法中；专注于念想诸法，意便着于所念的对象，是什么便产生什么。所以求生死得生死，求道得道。不论是内是外，随之而起意想，就是念法，意着法中。同样，从四谛而自知的意想，产生什么，便得什么；不产生什么，便不得什么，由此除却不合四谛的意想，令有所畏惧，不敢违犯。所行所念常住于道，这就是意着法中。此名为法正，从谛这一根本生起意想，根本即着于意中。所谓法正，就是道法。从谛的谛，就是四谛。

所谓"本起着意"，意思是说，面对的生死万事，皆本于从意生起；便执着于意，便有五阴。所起此意，应当断灭；断灭根本，五阴随之断灭。有时也自己断灭，不再念想。令意自起，乃是罪。又，意不定在道，是罪尚未灭尽的缘故。

　　所谓"意着法中"，意思是说，意专注于念想万物，就是堕入生死外法中；意不念想万物，就是堕入道法中。五阴为生死法，三十七品经为道法。

　　所谓"意着法中"，意思是说，制止五阴不令有犯，也可以说，经常念想道而不离开，此即是意着法中。

　　所谓"所本正"，在外处处为万物之本，是福之所在，内则总揽三十七品经，因为行道不是一时之事。所本的意思，指修行三十七品经法，如其次第随顺而行；意想不入邪途即是正，所以名为所本正。所本正包括种种异行：以无为对本，以不求为对正，以无为为对无为，以不常为对道，以无有为对亦无所有，也无有本，也无有正，乃是无所有。

　　由禅定觉察所受之身。如此效法于道，说为依法得定。所谓道说，就是说从因缘得道。

　　见阴受，指受纳五阴。所谓有入，指堕入五阴。所谓因有生死阴，指受纳正。所谓正，指道自身是正。但应当为自身正心。

人行安般守意，得数，得①相随，得止②，便欢喜。是四种，譬如钻火见烟，不能熟物。得何等喜？用未得出要故也。

安般守意有十八恼，令人不随道。一为爱欲，二为嗔恚，三为痴，四为戏乐，五为慢，六为疑，七为不受行相，八为受他人相，九为不念，十为他念，十一为不满念，十二为过精进，十三为不及精进，十四为惊怖，十五为强制意，十六为忧，十七为忿忿③，十八为不度意行爱，是为十八恼。不护是十八因缘，不得道，以护便得道也。

不受行相者，谓不观三十二④物，不念三十七品经，是为不受行相。受他人行相者，谓未得十息便行相随，是为受他人相。他念者，入息者念出息，出息时念入息，是为他念。不满念者，谓未得一禅便念二禅，是为不满念。强制意者，谓坐乱意不得息，当经行读经，以乱不起，是为强制意也。精进，为黠走是六事中，谓数息、相随、止、观、还、净，是为六也。

① "得"，诸本无。

② "止"，诸本作"正"。

③ "忩忩"，即"忽忽"。

④ "三十二"，诸本作"三十六"。

译文

人们修行安般守意，获得数，获得相随，获得止，便生欢喜。此四种现象，如同钻火见烟，不能熟物，得的是什么喜？因为尚未得到出离的要点。

修行安般守意，有十八种烦恼，令人不能随顺于道：一是爱欲，二是嗔恚，三是愚痴，四是戏乐，五是傲慢，六是怀疑，七是不受行相，八是受他人相，九是不念，十是他念，十一是不满念，十二是过于精进，十三是不够精进，十四是惊怖，十五是强制意，十六是忧，十七是匆促，十八是不度意行爱。此为十八恼。不护持自己，而受十八因缘干扰，不能得道；加以护持，便能得道。

此中不受行相，指不观身有三十二种不净物，不念想三十七品经，是为不受行相。所谓受他人相，指尚未达到十息，便行相随，是为受他人相。所谓他念，指入息时念出息，出息时念入息，此为他念。所谓不满念，指尚未达到一禅便想念二禅，此为不满念。所谓强制意，指所坐散乱，意不能得息，应当依"经"而行，通过读"经"，令散乱不得发生，此为强制意。所谓精进，指黠慧走入此六事中，数息、相随、止、观、还、净，此为六事。

原典

何等为喘？何等为息？何等为气？何等为力？何等为风？喘者为意，息为命，守为①气，为视听，风为能言语，从道屈伸，力为能举重嗔恚也。

要从守意得道。何缘得守意？从数转得息，息转得相随；止、观、还、净亦尔也。

行道欲得止意，当知三事：一者先观，念身本何从来？但从五阴行有，断五阴不复生，譬如寄托，须臾耳。意不解，念九道②以自证。二者自当内视心中，随息出入。三者出息入息念灭时，息出小轻念灭时。何等为知无所有？意定便知空，知空便知无所有。何以故？息不报便死，知身但气所作，气灭为空，觉空堕道也。

故行道有三事：一者观身，二者念一心，三者念出入息。复有三事：一者止身痛痒，二者止口声，三者止意念。行是六事，疾得息也。

要经言，一念谓一心，近念谓计身，多念谓一心，不离念谓不离念身。行是四事，便疾得息也。

坐禅数息即时定意，是为今福③；遂安隐不乱，是

《中国佛学经典宝藏》

华人佛学界顶级专家团队编撰。大陆首次引进简体中文版。
读得懂, 买得起, 藏得下的"白话精华大藏经"。

星云大师
总监修
"人间佛教"的践行本

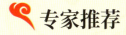 专家推荐

星云大师常常说，佛学不是少数人的专利，它应该是每一个人都能够接触的。这套书推动了白话佛学经典的完成。

——依空法师

佛光山长老, 文学博士, 印度哲学博士

星云大师对编修《中国佛学经典宝藏》非常重视，对经典进行注、译，包括版本源流梳理，这对一般人去看经典、理解经典的思想，是有帮助的。

——赖永海

南京大学教授, 旭日佛学研究中心主任

《中国佛学经典宝藏》精选了很多篇目，是能够把佛法的精要，比较全面地给予介绍。

——王志远

中国社会科学院研究生院导师, 中国宗教协会副会长

《中国佛学经典宝藏》白话版系列丛书, 共计132册, 由星云大师总监修, 大陆、台湾百余专家学者通力编撰而成。

丛书依大乘、小乘、禅、净、密等性质编号排序, 将古来经律论中之经典著作, 依据思想性、启发性、教育性、人间性的原则, 做了取其精华、舍其艰涩的系统整理。每种经典都按原文、注释、译文等体例编排, 语言力求通俗易懂、言简意赅, 让佛学名著真正做到雅俗共赏; 还以题解、源流、解说等章节, 阐述经文的时代背景、影响价值及在佛教历史和思想演变上的地位角色。丛书还开创性地收录了一些有代表性的现代读本。

传统大藏经 VS 中国佛学经典宝藏

	传统大藏经	VS	中国佛学经典宝藏
第一回合	**卷帙浩繁** 普通人阅读没头绪、没精力、看不懂。	VS	**精华集萃** 星云大师亲选132种书目, 提纲挈领, 方便读经。
第二回合	**古文艰涩** **繁体竖排** 佛经文辞晦涩, 多用繁体竖排版: 读经门槛高。	VS	**白话精译** **简体横排** 经典原文搭配白话精译, 既可直通经文, 又可研习原典。
第三回合	**经义玄奥** **难尝法味** 微言大义, 法义幽微, 没有明师指引难理解。	VS	**专家注解** **普利十方** 华人佛学界顶级专家精注精解, 一通百通。

《中国佛学经典宝藏》目录

编号	书名	编号	书名	编号	书名
1	中阿含经	45	维摩诘经	89	法句经
2	长阿含经	46	药师经	90	本生经的起源及其开展
3	增一阿含经	47	佛堂讲话	91	人间巧喻
4	杂阿含经	48	信愿念佛	92	大乘本生心地观经
5	金刚经	49	精进佛七开示录	93	南海寄归内法传
6	般若心经	50	往生有分	94	入唐求法巡礼记
7	大智度论	51	法华经	95	大唐西域记
8	大乘玄论	52	金光明经	96	比丘尼传
9	十二门论	53	天台四教仪	97	弘明集
10	中论	54	金刚錍	98	出三藏记集
11	百论	55	教观纲宗	99	牟子理惑论
12	肇论	56	摩诃止观	100	佛国记
13	辩中边论	57	法华思想	101	宋高僧传
14	空的哲理	58	华严经	102	唐高僧传
15	金刚经讲话	59	圆觉经	103	梁高僧传
16	人天眼目	60	华严五教章	104	异部宗轮论
17	大慧普觉禅师语录	61	华严金师子章	105	广弘明集
18	六祖坛经	62	华严原人论	106	辅教编
19	天童正觉禅师语录	63	华严学	107	释迦牟尼佛传
20	正法眼藏	64	华严经讲话	108	中国佛教名山胜地寺志
21	永嘉证道歌·信心铭	65	解深密经	109	敕修百丈清规
22	祖堂集	66	楞伽经	110	洛阳伽蓝记
23	神会语录	67	胜鬘经	111	佛教新出碑志集萃
24	指月录	68	十地经论	112	佛教文学对中国小说的影响
25	从容录	69	大乘起信论	113	佛遗教三经
26	禅宗无门关	70	成唯识论	114	大般涅槃经
27	景德传灯录	71	唯识四论	115	地藏本愿经外二部
28	碧岩录	72	佛性论	116	安般守意经
29	缁门警训	73	瑜伽师地论	117	那先比丘经
30	禅林宝训	74	摄大乘论	118	大毗婆沙论
31	禅林象器笺	75	唯识史观及其哲学	119	大乘大义章
32	禅门师资承袭图	76	唯识三颂讲记	120	因明入正理论
33	禅源诸诠集都序	77	大日经	121	宗镜录
34	临济录	78	楞严经	122	法苑珠林
35	来果禅师语录	79	金刚顶经	123	经律异相
36	中国佛学特质在禅	80	大佛顶首楞严经	124	解脱道论
37	星云禅话	81	成实论	125	杂阿毗昙心论
38	禅话与净话	82	俱舍要义	126	弘一大师文集选要
39	释禅波罗蜜次第法门	83	佛说梵网经	127	《沧海文集》选集
40	般舟三昧经	84	四分律	128	《劝发菩提心文》讲话
41	净土三经	85	戒律学纲要	129	佛经概说
42	佛说弥勒上生下生经	86	优婆塞戒经	130	佛教的女性观
43	安乐集	87	六度集经	131	涅槃思想研究
44	万善同归集	88	百喻经	132	佛学与科学论文集

手机淘宝
扫一扫

深入经藏，智慧如海。

本套佛学经典适合系统的修习、诵读和佛堂珍藏。

咨询电话：尤冲 010-8592 4661

为未来福；益久续复安定，是为过去福也。

坐禅数息不得定意，是为今罪；遂不安隐乱意起，是为当来罪；坐禅益久遂不安定，是为过去罪也。

亦有身过、意过，身直数息不得，是④为意过；身曲数息不得，是为身过也。

坐禅自觉得定意，意喜为乱意，不喜为道意。

坐禅念息已止便观，观止复行息，人行道，当以是为常法也。

注释

① "为"，诸本无。

② **九道**：后译为九孔、九漏、九窍等，指五官七窍加大小便二道。佛教以此九处为人身不净的依据之一。

③ "今福"，《径》作"令"。

④ "是"，《资》无。

译文

什么是喘？什么是息？什么是气？什么是力？什么是风？所谓喘，乃是意；所谓息，乃是命；守为气，令有视有听；风是能言语，从属于道而有屈伸；力为能举重，令嗔恚移去。

要从守意得道。由什么原因获得守意？从数息转而得息，内得息转而得相随，止、观、还、净也是如此。

行道要达到止意，应当知道三件事：一、首先观想：思念此身本从何来？是随从五阴而行才会存在，断灭五阴便不复生，譬如寄托，是暂住之物；意若有所不解，当念想身之九窍以自证。二、自当内视心中，令意随息出入。三、出息入息的念想灭时，息出小而轻的念想灭时。什么是知无所有？意安定便知道空，知道空便知无所有。为什么？因为息不回报便是死，由此知身是气所造作，气灭就是空。觉悟空便堕于道中。

因此，行道有三件事：一是观察身，二是念想一心，三是意念出入息。还有三件事：一、制止身有受，二、制止口出声，三、制止意生念。修行上述六件事，能迅疾得息。

总结佛经言，一念指一心；近念指算计身；多念指一心；不离念指不离念于身。行此四事，便会迅疾得息。

坐禅数息，即时令意安定，此为今福；从此安隐不散乱，此为未来福；更加长久持续安定，此为过去福。

坐禅数息，不能令意安定，此为今罪；从此不得安隐，令意散乱生起，此为当来罪；坐禅越久越不安定，此为过去罪。

有身的过错，有意的过错。身形强直，令数息不得，此是意的过错；身形歪曲，令数息不得，此是身的过错。

坐禅自觉意已得定，此时意喜便属于散乱意，不喜便属于道意。

坐禅念系于息已经停止，便当观想；观想停止，还当系念于息。人们行道，应当以此为常法。

佛说有五信，一者信有佛有经，二者去家①下头发求道，三者坐行道，四者得息，五者定意所念，不念为空。

难：不念为空，何以故念息？

报曰：息中无五色，贪淫、嗔恚、愚痴、爱欲，是亦为空也。

可守身中意者，谓意在身观，是为身中意。人不能制意，故令数息，以黠能制意，不复数息也。

问：何等为自知？何等为自证？

报：谓能分别五阴，是为自知；不疑道，是为自证也。

问曰：何等为无为？

报：无为有二辈，有外无为，有内无为，眼不观②

色，耳不听声，鼻不受香，口不味味，身不贪细滑，意不志念③，是为外无为。数息、相随、止、观、还、净，是为内无为也。

问：现有所念，何以为无为？

报：身口为戒，意向道行，虽有所念，本趣无为也。

问：何等为无？何等名为？

报：无者，谓不念万物；为者，随经行。指事称名，故言无为也。

注释

① "去家"，诸本作"出家"。

② "观"，诸本作"视"。

③ "志念"，诸本作"妄念"，不从。

译文

佛说有五信：一、信有佛有经典，二、出家剃发求道，三、坐而行道，四、得息，五、定意所念，不念为空。

有疑难问：所谓不念为空，为什么要念息？

回答说：息中没有五色，没有贪淫、嗔恚、愚痴、爱欲，此也是空。

所谓可守身中意，意系于身的观想，名为身中意。有人不能控制自己的意念，所以令其数息；由于黠慧能控制意念，所以可以不再数息。

　　问：什么是自知？什么是自证？

　　答：能分别知道五阴，此为自知；于道不生怀疑，此为自证。

　　问：什么是无为？

　　答：无为有两类，有外无为，有内无为。眼不见色，耳不听声，鼻不受香，口不尝味，身不贪细滑，意不执着，此为外无为；数息、相随、止、观、还、净，此为内无为。

　　问：其表现是有所念，为什么是无为？

　　答：若身、口持戒，意想向道进行，虽有所念，本意则趋向无为。

　　问：什么是无？什么叫为？

　　答：所谓无，就是不念想万物；所谓为，就是随经教而行。为指谓"事"而给以相称的"名"，所以说为"无为"。

原典

　　问：设使宿命对来到，当何以却？

　　报：行数息、相随、止、观、还、净，念三十七品经能却。

难：宿命对不可却，数息、行三十七品经何以故能却？

报[1]：用念道故消恶，设使数息、相随、止、观、还、净不能灭恶，世间人皆不得道。用消恶故得道。数息、相随、止、观、还、净，行三十七品经尚得作佛，何况罪对。在十方积如山，精进行道不与罪会。

问曰：经言作是，何以故不会？

报：用作是故也。

注释

① "报"，《资》《碛》《普》《南》作"服"，误。

译文

问：假设宿命果报来到，应当如何除却？

答：修行数息、相随、止、观、还、净，念想三十七品经，能够除却。

有疑难问：宿命果报是不可除却的，为什么数息、修持三十七品经能够除却？

答：因为念道可以消恶。假设数息、相随、止、观、还、净不能灭恶，则世间都不可能得道；由于能够消恶，所以才能得道。数息、相随、止、观、还、净，行三十七品经尚得做佛，何况免除罪的果报。即使在十方积（罪）如山，精进行道也不会与罪相会。

问：经言如此，但为什么不与罪相会？

答：因为依经而作的缘故。

原典

数息为堕十二品，何谓十二品？数息时堕四意止；息不乱时为堕四意念断；得十息有时为堕四神足，是为堕十二品也。

问：何等为念三十七品经？

报：谓数息、相随、止、观、还、净。行是六事，是为念三十七品经也。行数息亦为行三十七品经。

问：何以故为行三十七品经？

报：数息为堕四意止。何以故？为四意止亦堕四意断，用不待念故，为四意断。亦堕四神足，用从信故，为神足也。

数息为堕信根，用信佛意喜故生信根。亦堕能根，用坐行故，为堕能根；亦堕识根^①，用知谛故，为识根；亦堕定根，用意安故，为定根；亦堕黠根，用离痴意解结故，为黠根^②也。

数息亦堕信力，用不疑故，为信力；亦堕进力，用精进故，为进力③；亦堕念力，用余意不能攘故，为念力；亦堕定力，用一心故为定力；亦堕黠力④，用前分别四意止、断、神足故，为黠力也。

数息亦堕觉意，用识苦故，为觉意；亦堕法识觉意，用知道因缘故，为法⑤觉意；亦堕力觉意，用弃恶故，为觉意⑥；亦堕爱觉意，用贪乐道故，为爱觉意；亦堕息意觉，用意止故，为息意觉；亦堕定觉意，用不念故，为定觉意；亦堕守觉意，用行不离故，为守觉意也。⑦

数息亦堕八行。用意正，故入八行。定意、慈心念净法，是为"直身"⑧；至诚语、软语、直语、不还语，是为"直语"；黠在意，信在意，忍辱在意，是为"直心"。所谓以声息⑨，是为十善，堕道⑩行也。数息亦堕直见，用谛观，故为"直见"；亦堕直行，用向道，故为"直行"；亦堕直治，用行三十七品经，故为"直治"；亦堕直意，用念谛，故为"直意"；亦堕直定，用意白净，坏魔兵，故为"直定"。是为八行。何等为魔兵？谓色、声、香、味、细滑，是为魔兵；不受是为坏魔兵。

注释

① **识根：** 后译作念根，五根之一。

② **黠根**：后译作慧根，五根之一。

③ **进力**：后译作精进力，五力之一。

④ **黠力**：后译作慧力，五力之一。

⑤ "法"，诸本作"法识"。

⑥ "觉意"，《大正》作"力觉意"。

⑦ 此处所说的觉意、法识觉意、力觉意、爱觉意、息觉意、定觉意、守觉意，通称七觉意，亦译作七菩提分、七觉支，三十七道品之一。被认为是获得菩提觉悟的七种因素，本经则作为对某种教理和修持的自觉。至于所觉的内容，以及对各支的具体解释，佛家各派也不尽相同，本经是中国佛教中最早的一种诠释。

⑧ **直身**：相当于正命；其后的直语相当正语；直心相当于正思维；直见相当于正见；直行相当正业；直治相当正精进；直意相当正念；直定相当正定。本经的译名与释义，与后出的经籍有较大的差别，而本经的前后解释，也不全同。

⑨ "息"，《资》作"息心息"，《碛》《普》《南》《径》《清》作"身心息"。

⑩ "道"，诸本作"善"。

译文

数息是为了悟入十二品。什么叫十二品？数息时进入四意止；息不乱时进入四意念断；获得十息有时进入四神足，随行此三个"四"，就是悟入十二品。

问：什么叫作念三十七品经？

答：即数息、相随、止、观、还、净。修行此六件事，就是念三十七品经。行持数息，也是修行三十七品经。

问：为什么说是为了修行三十七品经？

答：数息是为了进入四意止。为什么？因为为了四意止，也进入四意断，由于不待念想，所以为四意断。也进入四神足，由于信而得，所以为神足。

数息为的是随顺信根，因为信佛令意喜欢，所以令信生长。信根也随顺能根（精进根），因为坐禅而行，所以是随顺于能根；也是随顺识根（念根），因为已认识四谛，所以名为识根；也是随顺定根，因为意识安宁，所以名为定根；也是随顺黠根，因为脱离愚痴，意识从诸结缚中得到解脱，所以说为黠根。

数息也能随顺信力，因为无有疑惑，所以成为信力；也随顺进力，因为不断精进，所以成为进力；也随顺念力，因为其余的意念不能排斥此念，所以成为念力；也随顺定力，因为唯是一心（非是多心），所以成为定力；也随顺黠力，因为此前分别了知四意止、四意断、四神足，所以成为黠力。

数息也能随顺觉意，因为已经认识了苦，所以成为有觉悟的意识；也随顺法识觉意，因为了知“道”的因缘，所以成为对法有觉悟的意识；也随顺力觉意，因为捐弃诸恶，所以成为不断精进的觉悟；也随顺爱觉意，因为贪乐于道，所以成为自觉爱道的意识；也随顺息意觉，因为意念停止了，所以意念休息成为自觉；也随顺定觉意，因为无有念想，成为心里安定的自觉意识；也随顺守觉意，因为所行不离道法，所以守护戒律成为自觉。

数息也随顺八行。因为意想正直，所以悟入八行。以禅定的意、慈爱的心念想洁净的法，此为“直身”；用至诚语、和气语、正直语、不报复语说话，此为“直语”；黠慧留在意中，诚信留在意中，忍辱留在意中，此为“直心”。所谓以声息（除恶），乃是十善，由此而进入道行。数息也随顺直见，因为以四谛观察，所以是“直见”；也随顺直行，因为意之所行趋向于道，所以是“直行”；也随顺直治，因为修行三十七品经，所以是“直治”；也随顺直意，因为念想四谛，所以是“直意”；也随顺直定，因为意想白净无垢，毁坏魔兵，所以是“直定”。以上总为八行。什么叫作魔兵？所谓色、声、香、味、触五尘叫作魔兵；不去感受五尘，叫作坏魔兵。

原典

三十七品应敛。

设自观身、观他人身，止淫，不乱意，止余意；自观痛痒，观他人痛痒，止嗔恚；自观意、观他人意，止痴；自观法、观他人法，得道。是名为四意止也。

避身为避色，避痛痒为避五乐，避意为避念，避法不堕愿业治生，是名为四意念断也。

识苦者，本为苦，为苦者，为有身。从苦为因缘起者，所见万物，苦习者，本为苦；从苦为因缘生尽者，万物皆当败坏。为增苦习，复当为堕八道^①中。道人当念是八道，是名为四为、四收苦^②，得四神足念也。

信佛意喜，是名为信根，为自守行法；从谛身意受，是名能根，为精进；从谛念遂谛，是名识^③根，为守意^④；从谛一意，从谛一意止，是名定根，为正意；从谛观谛，是名黠根，为道意。是名为五根也。

从谛信不复疑，是名信力；弃贪行道，从谛自精进，恶意不能败精进，是名进力；恶意欲起，当即时灭，从谛是意，无有能坏意，是名念力；内外观，从谛以定，恶意不能坏善意，是名定力；念四禅^⑤，从谛得黠，恶意不能坏黠意，是名黠力。念出入尽复生，是名为五力也。

从谛念谛，是名觉意，得道意；从谛观谛，是名法，名法识觉意，得生死意；从谛身意持，是名力觉意，持道不失为力；从谛足喜谛，是名爱觉意，贪道法行道；行道法⑥从谛，意得休息，是名息意觉⑦；已息安隐，从谛一念意，是名定觉意；自⑧知意以安定，从谛自在，意在所行从观，是名守意觉。从四谛观意，是名为七觉意也。

从谛守谛，是名直信道；从谛直从行谛，是为直从行念道。从谛身意持，是名直治法；不欲堕四恶⑨者，谓四颠倒⑩。从谛念谛，是名直意；不乱意，从谛一心意，是名直定。为一心上头，为三法意行，俱行以声、身、心。如是⑪佛弟子八行，是名四禅，为四意断也。

第一行为直念，属心，常念道。第二行为直语，属口，断四意。第三行为直观，属身，观身内外⑫。第四行为直见，信道。第五行为直行，不随四恶，谓四颠倒。第六行为直治，断余意。第七行为直⑬，不堕贪欲。第八行为直定，正心。是为八行佛。辟支佛、阿罗汉⑭所不行也。

注释

① **八道**：此处指上述的四意止、四意念断。

② **四为、四收苦**：是四意止、四意念断的别称。

"四收"，诸本作"四枝"。

③"识"，诸本作"谛"。

④"意"，诸本作"意名"。

⑤ **四禅：** 全称四禅那（梵文 Caturtha-dhyāna），意译四静虑，或称四禅定，是佛教诸禅定中体现禅定结构和禅定过程最典范的一种。它由所谓对治支、利益支、自性支三支构成。以"心一境性"注意力集中于一境为自性支，四禅皆是；而以思维形式的差别分为四类，作为对治支的内容，当成区划四禅的标准之一；又以主观感受的差别分为四类，作为利益支的内容，当成区划四禅的另一类标准。此禅的特点，在于脱离了欲界（贪欲的干扰），成为色界的思维和感受活动。此中的主观感受和思维形式，对任何行禅者都是一样的，但思维的对象和由此得到的观念，可以有很大的不同。本经前边说到的一禅、二禅等，就是此四禅中的第一、第二禅。

⑥"道；行道法"，诸本作"道；法行道"，不从。

⑦"息意觉"，诸本作"意觉意"。

⑧"自"，诸本作"息"。

⑨"恶"，诸本作"恶四恶"。

⑩ **四颠倒：** 身本不净反以为净，受本是苦反以为乐，心本无常反以为常，法本无我反以为有我。佛教一般称此世间的常、乐、我、净为四颠倒，略称四倒。

⑪ "如是"，诸本作"犹如"。

⑫ "外"，诸本作"外八"。

⑬ "直"，诸本作"直意"。

⑭ **辟支佛、阿罗汉：** 辟支佛（梵文 Pratyeka-buddha），意译缘觉、独觉。指自觉不从他闻，悟十二因缘之理而归于涅槃的佛弟子。阿罗汉（梵文 Arhat），略称罗汉，意译不生、无学果、杀贼等，指遵循佛之原始教旨而得涅槃的佛弟子。后人一般称此二种修持为二乘。本经以为八正道属于佛乘，而非二乘，是比较特殊的见解。

译文

三十七品经应集中来谈。

假设观想自己的身相，观想他人的身相，制止淫邪，此意不乱而制止其余的意念；观想自己的痛痒感受，观想他人的痛痒感受，制止嗔恚；观想自己的意，观想他人的意，制止愚痴；观想自己的所有法，观想他人的所有法，由此得道。总名为四意止。

避免执着于身见，为的是避免色欲；避免执着于痛痒，为的是避免五乐；避免执着于意，为的是避免念想；避免执着于法见，为的是不随逐个人业力的牵引去谋取不正当的生计。总名为四意念断。

认识苦，从本以来就是苦。其所以成为苦，是因为有身。以苦为因缘而起念，所见的万物，都是苦的习积所成，其本为苦；以苦为因缘，而令生念灭尽，所见万物皆当败坏。为了增加对苦的习积的（认识），应当继续随顺上述之八种道行。修道的人应当念想这八种道行，此称为四意止、四意念断，并获得四神足念。

信佛而心意感到喜悦，此名信根，做到自觉守意行法；从四谛观身、观意而顺受，此名能根，起精进功用；从四谛念想达到四谛，此名识根，起守意的功用；从四谛集为一意，从四谛集为一意而止住，此名定根，起正意的功用；从四谛观四谛，此名黠根，即是道意。总名为五根。

从四谛得信，不再有疑惑，此名信力；捐弃贪欲而行道，从四谛自觉精进，恶意不能败坏精进，此名进力；恶意欲起，当即时灭除，由四谛规范意，无有能败坏其意，此名念力；内观外观，从四谛得以安定，恶意不能坏其善意，此名定力；意念住于四禅，从四谛获得黠意，恶意不能坏其黠意，此名黠力。此等意念有出有入，结束后又重新生起，总名为五力。

从四谛念想四谛，此名为觉意，获得道意；从四谛观察四谛，是借"名"知"法"，名为法识觉意，获得生死意；从四谛观身、观意，坚持不懈，此名力觉意，持道不失为力；从四谛完备，心喜四谛，此名爱觉意，贪爱道法而行道；修行道法而归从四谛，意即获得休息，此名息觉意；已经休息安隐，归从四谛而为一念之意，此名定觉意；自知意已得安定，从四谛而得自在，凡意所行处，都能顺从所观之理，此名守觉意。从四谛观意，总名为七觉意。

从四谛坚守四谛，此名直信道；从四谛得直，从行于四谛，此为直从行念道。从四谛观身、观意，坚持不懈，此名直治法；所谓不欲堕四恶，四恶指常、乐、我、净四颠倒。从四谛念想四谛，此名直意；不散乱之意，归从四谛为一心之意，此名直定。在一心上头，做三种合于佛法的行为，即声（语）、身、心三种行为俱时而作。佛弟子如此八行，乃名四禅，是为四意断。

第一行是直念，属于心，心常念道。第二行是直语，属于口，断除善不欲行、恶不欲断等四意。第三行是直观，属于身，观察自身内外。第四行是直见，归信于道。第五行为直行，不追随四恶，所谓四颠倒。第六行为直治，断除道意之外的其他诸意。第七行是直意，不堕落于贪欲。第八行是直定，正心无邪。总名"八行佛"，是辟支佛、阿罗汉所不行的。

原典

第一行为直念，何等为直念？谓不念万物，意不堕是中，是为直念。念万物，意堕中，为不直念也。

四意止者，一意止为身念息；二意止为念痛痒；三意止为念意息出入；四意止为念法因缘。是为四意止也。

道人当念是四意止：一者，为我前世爱身，故不得脱；二者，今有①剧怨家。何以故？所欲者爱生，当断已断，为外身观止也。

四意止者，意止者，意不在身为止，意不在痛痒为②止，意不在意为止，意不在法为止。意③随色诚便生，是为不止也。

问：人何以故不堕四意止？

报：用不念苦、空、非身、不净故，不堕四意止。若人意常念苦、空、非身、不净行道者，常念是四事不离，便疾得四意止也。

问：何等为身意止？谓念老、病、死，是为身意止。何等为痛痒意止？谓所不可意，是为痛痒意止。何等为意意止？谓已念复念，是为意意止。何等为法意止？谓往④时为行，还报为法，亦谓作是得是，是为法意止也。

四意止有四辈：一者念非常意止，二者念苦身意止，三者念空有意止，四者念不净、乐意止，是为四意止。一切天下事，皆堕身、痛痒、堕法⑤，都卢⑥不过是四事也。

四意止者，一者，但念息不邪念；二者，但念善不念恶；三者，自念身非我所，万物皆非我所，便不复向；四者，眼不视色，意在法中，是名为四意止也。

道人当行四意止，一者眼、色，当校计身中恶露；二者意欢喜念乐，当念痛痒⑦苦；三者我意嗔，他人意亦嗔，我意转，他人意亦转，便不复转意；四意⑧者，我意嫉，他人意亦嫉，我念他人恶，他人亦念我恶，便不复念，是为法也。

身意止者，自观身，观他人身。何等为身？欲言痛痒是身，痛⑨无有数；欲言意是身，复非身，有过去意⑩、未来意；欲言法是身，复非身，有过去、未来法；欲言行⑪是身，行无有形，知为非身。得是计，为四意止也。

意不堕色念，识亦不生。耳、鼻、口、身亦尔。意不在身为心⑫；意不在痛痒，意不在念，意不在法为心⑬也。

注释

① "今有"，《资》作"念有"，《碛》《普》《南》《径》《清》作"念有身"。

② "为"，诸本无。

③ "意"，《资》作"自"，《碛》《普》《南》《径》《清》作"目"。

④ "往"，诸本作"住"。

⑤ "堕法"，疑为"意、法"之误，诸本作"随意随法"。

⑥ **都卢**：即统统、一概如此。

⑦ "痒"，诸本无。

⑧ "意"，诸本无。

⑨ "痛"，疑为"痛痒"。

⑩ "意"，诸本无。

⑪ **行**：此处指五阴中的行阴，即具有意志、造作等功能的心理。所以下文说行无有形。

⑫⑬ "心"，《碛》《普》《南》《径》《清》作"止"。

译文

第一行是直念。什么叫作直念？意思是说，不念想万物，意想不堕于万物之中，此为直念；念想万物，意想堕于其中，即是不直念。

所谓"四意止"，其第一意止是令身的观念熄灭；第二意止是念想痛痒等感受的性质；第三意止是念想意随气息出入；第四意止是念想诸法因缘。此总为四意止。

行道的人应当念想此四意止。其一当念：我前世由于爱身，所以今世不得解脱；其二当念：现今这身有如极厉害的怨家迫害着我。为什么要如此念想？如此所贪欲的由爱而生，应当断除，就可以断除，此为外身观止。

所谓"四意止"，意止的意，是，意不执着于身为"止"，意不执着于痛痒感受为"止"，意不执着于意为"止"，意不执着于法为"止"。意完全随色等产生的观念，乃是"不止"。

问：世人为什么不随顺四意止？

答：因为不念想苦、空、非身、不净，所以不随顺四意止。如果人们的意识经常念想苦、空、非身、不净而行道，经常念想此四事而不分离，便会迅疾获得四意止。

问：什么是身意止？所谓念想老、病、死，此为身意止。什么是痛痒意止？所谓（一切感受）皆所不可意，此为痛痒意止。什么是意意止？所谓已经念想，重复念想（念念生灭），此为意意止。什么是法意止？所谓往时所作为行，由此还报为法，也就是说，作是（业）得是（果），此为法意止。

四意止有四类：一念想非常意止；二念想苦身意止；三念想空、有意止；四念想不净、乐意止。此为四意止。一切天下事，都处在身、痛痒、意、法的范围，统统不过此四事。

所谓"四意止"，一是但系念于息而不邪念；二是但念想善而不念想恶；三当自念想：此身非我所有，万物非我所有，由此便不再趋向；四是眼不视色，意系于法中。此即名为四意止。

修道的人应当修行四意止。一、对于眼与色，应当比较计算身中种种恶浊腺液；二、对于意所欢喜、念想为乐，应当念想痛痒等感受为苦；三、我意嗔怒，他人意也会嗔怒，我意转变，他人意也会转变，如此意想，便不再转起意念；四、关于意，我意嫉妒，他人意也会嫉妒，我念他人恶，他人也会念我恶，如此意想，便不再起念，此即是法。

所谓"身意止"，指自观己身，观他人身。什么是身？如果说痛痒是身，则痛痒多到无数；如果说意是身，则也是非身，因为有过去意、未来意；如果说法是身，则也是非身，因为有过去法、未来法；如果说心行是身，则此行无有形状，知为非身。达到这样的思考，就是四意止。

意若不堕于有色的念想，关于色的识也不会发生。耳、鼻、口、身四识，也是如此。应该以意不执着于身为心；同样，应该以意不执着于痛痒，意不执着于念想，意不执着于法为心。

原典

问：谁主知身、意、痛痒者？

报：有身，身意知；痛痒，痛痒意知；意意，意意知[①]；有饥，饥意知；有渴，渴意知；有寒，寒意知；有热，热意知。以是分别知也。身意起身意，痛痒意起痛痒意，意意起意意，法意起法意。

四意止谓意念恶，制使不起，是为止也。

四意止亦随四禅[②]，亦随四意止。随四意止为近道，不着恶便善意生。四禅为四意定，为止[③]意也。

行道有四因缘，一止身，二止痛痒，三止意，四止法。止身者，谓见色念不净；止痛痒者，谓不自贡高；止意者，谓止不嗔恚；止法者，谓不疑道。

人行四意止，意[④]起念生，即时识对行药[⑤]。得一意止，便得四意止也。

四意定，一者，自观身，亦复观他人身；二者，自观痛痒，亦复观他人痛痒；三者，自观心，亦复观他人心；四者，自观法因缘，亦复观他人法因缘。如是身，一切观内外因缘成败之事，当念我身亦当成败如是，是为四意定也。

人欲止四意，弃为外，摄为内。已摄意，为外弃为内也。

观他人身，谓自观身不离他^⑥，便为观他人身。若^⑦观他人身，为非。痛痒、意、法亦尔也。自贪身当观他人身，念他人身便自观身，如是为意止。

问：意见行何以为止？

报：意以自观身贪，便使观他人身，为意从贪转故应止。若意贪他人身，当还自观身也。

注释

① "意意，意意知"，疑为"意，意意知"，诸本作"意意知"，不从。

② "四禅"，疑下缺"四禅"。

③ "止"，诸本作"正"。

④ "意"，诸本无。

⑤ "药"，诸本作"乐"。

⑥ "离他"，诸本作"离意"。

⑦ "若"，底本为"苦"，疑为"若"之误。

译文

问：谁是主宰感知身、意、痛痒者？

答：有身，由身的意感知；痛痒，由痛痒的意感知；意，由意的意感知；有饥，由饥的意感知；有渴，由渴的意感知；有寒，由寒的意感知；有热，由热的意感知。因此，是分别地感知。意思是说，身的意念生起身的意念，痛痒的意念生起痛痒的意念，意的意念生起意的意念，法的意念生起法的意念。

所谓四意止，意思是说，意若念恶，控制使其不起，即是止。

四意止也随从四禅；四禅也随从四意止。随从四意止是为了接近道，不沾染恶便是善意生。四禅就是四意定，为的是控制意的运行。

行道有四种因缘，一是止身，二是止痛痒，三是止意，四是止法。所谓止身，指遇见色身念想不净；所谓止痛痒，指不自高自大；所谓止意，指制怒不嗔恚；所谓止法，指不怀疑道。

人们修行四意止，当意起念生时，应即时识别，对症下药。若获得一意止，便能达到四意止。

所谓四意定，一是自观己身，也观察他人身；二是既观自己的痛痒，也观察他人的痛痒；三是既观自心，也观察他人心；四是既观自法因缘，也观察他人法因缘。如此观身，观察一切内外因缘成败等事，应当思念：我身也必然会如此成败。此为四意定。

人若想制止四意的活动，应弃其外向，而摄之为内。已经收心摄意，就是弃外为内。

所谓观他人身，自观己身而不离他人身，便是观他人身。如果观他人身，则非。观他人痛痒、意、法，也是这个意思。自贪己身，应当观察他人身；念想他人身，便当自观己身。如此观想，名为意止。

问：意正在运行，如何加以制止？

答：意由自观己身而生贪爱，便令其观察他人身，为的是令意从贪爱中转变，并加以制止。如果意是贪爱他人身，则应当回过来自观己身。

原典

有时自身观，不观他人身；有时当观他人身，不当自观身；有时可自观身，亦可观他人身；有时不可自观身，亦不可观他人身。

自观身者，为校计观他人身意不止，须自念身为着，便转着他人身。

观他人身，为见色肥白，黛眉赤唇。见肥当念死人胀，见白当念死人骨，见眉黑当念死人正黑，见朱唇当念血①正赤。校计身诸所有，以得是意，便转不复爱身也。

观有内外，嫉、恚、疑②当内观；贪淫当外观。贪当念非常败，淫当念对所有恶露，如自观身淫③，当念四断意也。

观有两辈：一者观外，二者观内。观身有三十六物④，一切有对，皆属外；观无所有为道，是为内观也。

观有三事：一者观身四色，谓黑、青、赤、白⑤；二者观生死；三者观九道。观白见黑为不净。

当前闻以学后得道，未得道为闻，得别为证。得，为知也。

观有四种：一者身观，二者意观，三者行观，四者道观，是为四观。譬如人守物，盗来便舍物视⑥盗；人已得观，便舍身观物也。

观有二事：一者观外诸所有色，二者观内谓无所有。观空已，得四禅。观空无所有，有意、无意无所有，是为空。亦谓四弃，得四禅也。

注释

① "血"，《资》作"面"，《碛》《普》《南》《径》《清》作"面血"，皆不从。

② "疑"，诸本作"痴"。

③ "淫"，《碛》《普》《南》《径》《清》作"疾"。

④ 三十六物：据《增一阿含经》卷二十五中说，人身有三十六种不洁净物，如皮、肉、骨、筋、涎、痰、脓、血等。是观身不净的禅定中观想的对象。

⑤ 黑、青、赤、白：指人体骨骼的四种颜色，也是观身不净的禅定中观想的对象和出现的幻象。后来一般作青、黄、赤、白。

⑥ "视"，《资》《碛》《普》《南》《径》作"观"。

译文

有时自观己身，不观察他人身；有时应当观察他人身，不应当观察自身；有时可以自观己身，也可以观察他人身；有时不可以自观己身，也不可以观察他人身。

所谓"自观己身"，由于反复算计观察他人身，其意不能止于他人身上，则必须自念己身，令意专注于己身，由此再转移注意力到他人身上。

所谓"观他人身"，就是见他人身色肥白，黛眉红唇。见肥应当念想死人的肿胀相，见白应当念想死人的骨骼相，见眉黑应当念想死人正在变黑，见红唇应当念想流血正红。这样较量算计身体的诸所有，由此获得这样的意想，便会转变成不再爱己身。

观有内有外。对于嫉妒、嗔恚、疑惑，应当内观；

对于贪爱、邪淫，应当外观。对于贪爱，应当念想非（无）常、败坏；对于邪淫，应当有针对性地念想所有恶浊腺液，如自观己身邪淫，应当念想四断意。

观有两类：一是观外，二是观内。观察身有三十六种不净之物，从及一切可见之物，都属于观外；观无所有是道，乃是观内。

所谓观有三件事：一是观想身的四种颜色，所谓黑、青、赤、白；二是观想生死非（无）常；三是观想身之七窍、二便等"九道"。观想白色（骨）而现见黑色，是为不净。

应当首先听闻正法，然后学习，最后得道。尚未得道，属于"闻"的阶段，得道别称"证"，"得"就是知。

观有四种：一是身观（观身），二是意观（观意），三是行观（观行），四是道观（观道），是为四观。譬如有人看守物品，盗贼来了，便舍弃物品监视盗贼；人已观察得到身，便舍弃其观身而观物了。

观有二件事：一是观察外在的所有色相，无所有；二是观察内在本质，无所有。观空已毕，达到四禅。观空无所有，有意、无意也无所有，此乃是空。也称之为四弃，即得到了四禅。

欲断世间事，当行四意止；欲除四意止，当行四意断。

人堕贪①，贪故，行四神足飞。

但有五根，无有五力，不能制。但有五力，无有五根，不生得四神足。尚转五力，能制上次十二品。

四意断不作现在罪，但毕故罪，是为四意断也。毕故不受新，为四意止。故毕新止为②四意断。故竟新③断为四神足。

知足不复求守意，意为毕，生为新，老为故，死为身体坏败，为尽也。

四意断，谓常念道，善念生④便恶念断，故为断恶⑤道。善念止便恶念生，故为不断也。

四意断者，意自不欲向恶，是为断，亦谓不念罪断⑥也。

注释

①**堕贪**："堕"，《碛》《普》《南》《径》《清》作"除"。按：此"贪"应是"欲"的别译，指追求神足的强烈愿望，所谓欲增上故得三摩地，一般归为四神足中的第一神足。

②"止为"，诸本作"止为止为"。

③"竟新"，《资》《碛》作"意新"，《普》《南》《径》《清》作"意断"。"竟"与"毕"同义，"故竟新断"与上文"故毕新止"的含义相同。

④"生"，诸本无。

⑤"恶"，底本作"息"，诸本作"恶"，据改。诸本在"为断恶道"下为"念善念止便恶念念生"，不从。

⑥"断"，诸本作"为断"。

译文

要想断除世间事，应当修行四意止；要想除却四意止，应当修行四意断。

有人堕于强烈的贪欲，由于这种贪欲，所以修行四神足飞行。

但有信等五根，而没有信等五力，不能制意。但有信等五力，而没有信等五根，不能产生、获得四神足。如果再能转为信等五力，就能控制上述四意止、四意断、四神足等所谓十二品。

所谓"四意断"，指不做现在罪，但是完结过去罪，此为四意断。完结过去罪不再顺受新罪，乃是四意止。旧罪完毕，新罪止犯，乃是四意断。旧罪结束，新罪断除，乃是四神足。

知足即不再守意，其意为毕（完毕）；生名为新，老为故（旧），死为身体坏败，就是终尽。

所谓"四意断"，意思是说，经常念想道，善的念想生起，便是恶的念想断除，所以是断恶道。善的念想停下来，恶的念想便即生起，所以是不断（恶道）。

所谓"四意断"，指意自身不欲趋向于恶，此为断，也叫作不念罪断。

原典

四神足，一者身神足，二者口神足，三者意神足，四者道神足。念飞，念不欲灭，不随道也。

四伊提钵，四为数，伊提为止，钵为神足。欲飞便飞，有时精进坐七日便得，或七月^①，或七岁也。

得神^②足可久在世间，不死有药：一者意不转，二者信，三者念，四者有谛^③，五者有黠，是为神足药也。

得四神足，不久在世间，有三个因缘：一者自厌其身虺^④恶故去；二者无有人能从受经道故去；三者恐怨恶^⑤人诽谤得罪，故去也。

神足九辈，谓乘车马、步疾走，亦为神足；外戒坚亦为神足，至诚亦为神足，忍辱亦为神足也。

行神足，当飞意。问：何为飞意？报：有四因缘：一者信，二者精进，三者定，四者不转意。

何等为信？信飞行。何等为精进？飞行。何等^⑥定？^⑦何等为不转意？谓着飞行不转意也。

身不欲行道，意欲^⑧便行，神足如是，意欲飞即能飞也。

注释

① "七月"，底本为"七日"，诸本作"七月"，据改。

② "神"，诸本作"四神"。

③ **有谛**：此谛，为审视义，有留意专心的意思，指注意力集中。刘勰《新论·专学篇》："心不在学而强讽诵，虽入于耳而不谛于心。"

④ 殠，"臭"的俗字。

⑤ "恕恶"，诸本无"恕"。按："恕"疑为"恐"和"愈"的异体字，即"恐"。

⑥ "何等"，诸本作"何等为"。

⑦ "何等定？"，其后《大正》有"飞行"二字。

⑧ "意欲"，其后《大正》有"行"字。

译文

所谓"四神足"，一为身神足，二为口神足，三为意神足，四为道神足。念想飞行，念想不欲灭却，不随顺于道。

所谓"四伊提钵"，四是数，伊提译为止，钵译为神足。想飞便飞，有时精进坐禅，七日便能获得，或者七月，或者七岁。

获得神足，可以长久住在世间。不死有药：一是意专一而不转移，二是坚信，三是念想，四是有专一的心理，五是有黠慧，此为神足药。

获得四神足，而不长久住在世间，有三个原因：一是自厌其身，以身是臭恶的缘故，所以从世间离去；二是无有人能从其听受佛经之道，所以从世间离去；三是担心一些怨恶的人诽谤得罪，所以从世间离去。

神足有九类，所谓乘车马，步疾走，也属于神足；外戒坚定也是神足，信仰至诚也是神足，忍辱也是神足。

修行神足，应当有飞的意念。问：什么是飞的意念？答：有四种因缘；一是信，二是精进，三是定，四是不转意。

什么是信？坚信飞行。什么是精进？飞行。什么是定？飞行。什么是不转意？专注于飞行而不转变意念。

身并没有行道的欲望，意想行道便能行道。神足也是如此，意想飞行，即能飞行。

原典

五根譬如种物，坚乃生根，不坚无有根。

信为水雨，不转意为力。所见万物为根，制意为力也。

信根中有三阴，一为痛痒，二为思想，三为识阴。

定根中有一阴，谓识阴也。

五根、五力、七觉意，中有一阴者，中有二阴者，中有三阴者，有^①四阴者，皆有阴。

问：是道行何缘有阴？报：以泥洹无阴，余皆有阴也。

七觉意上三觉属口，中三觉属身，下一觉属意。何等为觉？念念为觉，念念为得，觉得是意，便随道也。

外七觉意为堕生死，内七觉意为随道。内七觉意者，谓三十七品经；外七觉意者，谓万物也。

觉者，为识事便随觉意也。有觉意便随道。觉有觉意，堕罪，觉三十七品经便正意，是为随道。觉善恶是为堕罪也。

问：何等为从谛身、意持？

报：谓身持七戒，意持三戒^②，是为身、意持也。

从谛意得休息，从四谛意因缘休。休者为止息，为思得道，为受思^③也。贪乐道法，常行道为爱觉意；持道不失为力觉意；已得十息，身安隐为息觉意；自知已安为定觉意。身意持④意不走，为持。

从谛自在，意在所⑤行，谓得四谛。亦可念四意止，亦可四意断，亦可四神足，亦可五根、五力、七觉意、八行。是为自在意在所行。从谛观者，为观⑥三十七品经要，是为守意。觉者，谓觉谛⑦，不复受罪也。

注释

① "有"，诸本作"中有"。

② **身持七戒，意持三戒**：即不行十恶而行十善。其中不贪、不嗔、不痴，为意持三戒；不杀、不盗、不淫、不两舌、不妄语、不恶口、不绮语，为身持七戒。

③ "受思"，《资》作"受恩"。

④ "意持"，诸本作"持意"。

⑤ "在所"，诸本作"在意在所"。

⑥ "为观"，底本无"观"，诸本均有，据改。

⑦ "觉谛"，底本无"觉"，诸本均有，据改。

译文

信等五根，譬如植物种子，坚实才能生根，不坚则没有根。

信譬如雨水，不转意则是力。所见万物为根，控制意念为力。

信根中有五阴中的三阴：一是痛痒（感受阴），二是思想（想阴），三是识阴。

定根中有五阴中的一阴，所谓识阴是。

所谓五根、五力、七觉意，其中有五阴中一阴的，其中有二阴的，其中有三阴的，其中有四阴的，都有阴的存在。

问：此（五根、五力、七觉意）乃是道行，为什么会有"阴"的存在？答：因为唯有泥洹（涅槃）完全无阴，其余一切都有阴。

七觉意中上三觉属于口，中三觉属于身，下一觉属于意。什么是觉？念念为觉，念念为得，觉得此意，（念念不离此意）便随顺于道。

外七觉意，是堕于生死流转，内七觉意是随顺于道。所谓内七觉意，即三十七品经；所谓外七觉意，即万物。

所谓觉，指识别事物便随而觉悟的意，有觉悟的意，便随顺于道。觉有（生死）的觉意，堕于罪，觉三十七品经便是正意，此乃随顺于道。觉有善恶的觉意是为堕于罪。

问：什么是从谛身、意持？

答：所谓身持七戒，意持三戒，乃是身、意持。

所谓从谛意得休息，就是从四谛的意令因缘休。所谓休，指止息（休歇），因为从思维得道，所以是受思。由贪乐道法而常行道，是爱觉意；持道而不失，是力觉意；已经获得十息，身得安隐，是息觉意；自知已得安定，是定觉意。身与意坚持觉意而不走失，是持。

所谓从谛得自在，意在所行，意思是说，获得四谛；也可以念想四意止，也可以行四意断，也可以念四神足，也可以修五根以及五力、七觉意、八行。此即称自在意在所行。所谓从谛观，指观察三十七品经的纲要，此即为守意。所谓觉，就是觉知四谛，不再受罪。

原典

八行有内外，身为杀、盗、淫；声为两舌、恶口、妄言、绮语；意为嫉妒、嗔恚①、痴。是上头三法为十事在外，五道②在内也。

从谛守谛，从为神守，为护，谓护法③不犯罪。

谛为道，知非常、苦、空、非身、不净为直见。非常人计为常，思苦为乐，空计为有，非身用作身，不净计为净，是为不直见也。

何等为直见？信本因缘，知从宿命有，是名直见。

何等为直治？分别思维，能到④善意，是⑤为直治。

何等为直语？守善言，不犯法，如应受言，是名为直语也。

何等为直业？身应行，不犯行，是名为直业也。

何等为直业治⑥？随得道者教戒行，是名为直业治⑦也。

何等为直精进行？行无为，昼夜不中止，不舍方便，是名为直精进方便也。

何等为直念？常向经戒，是名为直念。

何等为直定？意不惑亦不舍行，是名为直定。

如是行，令贤者八业行⑧具，已行具足，便行道也。

八直有治、有行。行八直乃得出要。身不犯戒，是为直治。慧、信、忍辱是为行。身意持是名直治，谓无所念为直，有所念为不直也。

注释

① "嗔恚"，底本无，诸本均有，据改。

② "五道"，诸本作"五直"。此处之"五道"，与十恶相对而称之为内，当是三界五道的五道，即由外行十不善，则内不得出离世间的意思。

③ "护法"，底本无"护"，诸本均有，据改。

④ "到"，诸本作"致"。

⑤ "是"，诸本作"是名"。

⑥⑦ "直业治"，底本作"直治"，诸本作"直业治"，据改。

⑧ **八业行：**后称八直，即直见、直治、直语、直业、直业治、直精进、直念、直定，也就是八正道。但不论名称与释义，都与上文所说不全相同。

译文

八行有内有外。身行为杀、盗、淫；声行为两舌、恶口、妄言、绮语；意行为嫉妒、嗔恚、愚痴。以上三种法总为十事，在外。人、天、畜生、地狱、饿鬼五道，在内。

从四谛坚守四谛，从为神足而守，此乃为护，指护法不犯罪行。

以四谛为道，认知非（无）常、苦、空、非身、不净，此为直见。非（无）常而人们执以为常，以及思苦为乐，空执以为有，非身认作有身，不净执以为净，此为不直见。

什么是直见？相信一切本于因缘，知道从宿命而有，此名为直见。

什么是直治？分别思维，能成就善意，此为直治。

什么是直语？遵守善言，不犯法，如此相应受纳言语，此名为直语。

什么是直业？身应随法而行，不犯法而行，此名为直业。

什么是直业治？追随得道者的教戒而行，此名为直业治。

什么是直精进行？修行无为，昼夜不中止，也不舍弃方便，此名为直精进方便。

什么是直念？经常趋向经戒，此名为直念。

什么是直定？意不惑乱，也不舍弃修行，此名为直定。

如此修行，令贤者具备八种业行，业行既经具足，便是行道。

以上八直，有对治的，有实行的。实行八直，乃获得出离世间的要领。身不犯戒，乃是直治。慧、信、忍辱，是为行。身与意持戒持法，名为直治，意思是说，无所念想为直，有所念想为不直。

原典

十二部经①都皆堕三十七品经中，譬如万川四流，皆归大海。

三十七品经为外，思维为内。思维生道，故为内。道人行道，分别三十七品经，是为拜佛也。

三十七品经亦堕世间，亦应道。讽经口说，是为世间；意念是为应道。

持戒为制身，禅为制意②。行道所向意不离，意至佛，意不还也。

亦有从次第行得道，亦有不从次第行③得道。谓行四意止、断、神足、五根、五力、七觉意、八行，是为从次第；畏世间、恶身，便一念从是得道，是为不从次第。道人④能得三十七品行意，可不顺从数息、相随、止也。

身、口七事，心、意、识各有十事，故为三十七品。四意止、断、神足属外；五根、五力属内；七觉意、八行得道也。

注释

①**十二部经**：亦称十二分教，指佛教经典的构成形式，所谓契经、应颂、记别、讽颂、自说、因缘、譬喻、本事、本生、方广、未曾有法、论议。或者说，是佛陀说法的十二种经典形式。一般用以代表全部佛典。

②"制意"，底本作"散意"，疑为"制意"之误。

③"次第行"，底本为"次行"，诸本作"次第行"，据改。

④"人"，诸本作"入"。

译文

佛说十二部经都反映在三十七品经中，譬如万川四流，皆归大海。

三十七品经为外，自心思维为内。由于思维才能产生"道"心，所以为内。修道的人行道，思维分别三十七品经，就是拜佛。

三十七品经能堕于世间，也能悟入道中。诵经口说，是为世间；意识念想，乃是相应于道。

持戒在于控制身，行禅在于控制意。所行随从其愿，其愿也随从所行。行道所向往的意念，不能离失，意念至于佛，意即不再退还。

也有循序按次第修行得道，也有不循序按次第修行得道。也就是说，修行四意止、四意断、四神足、五根、五力、七觉意、八行，此是按次第；由于畏惧世间，厌恶生身，便一念之间从此得道，此是不按次第。修道的人能获得三十七品所行的意止，可以不顺从数息、相随、止。

属于身、口的有七事，属于心、意、识的各有十事，所以总为三十七品。四意止、四意断、四神足属于外；五根、五力属于内；七觉意、八行由此得道。

原典

泥洹有四十辈①，谓三十七品经并三向②。凡四十事，皆为泥洹。

问：数息为泥洹非？

报：数息、相随，鼻头止意，有所着，不为泥洹。

问：泥洹为有不？

报：泥洹为无有，但为苦灭，一名意尽。

难：泥洹为灭。

报：但善恶灭耳。③

知行者，有时可行四意止，有时可行四意断，有时可行四神足，有时可行五根、五力、七觉意、八行。

谛者，为知定、乱。定为知行，乱为不知行也。

问：何以故正有五根、五力、七觉意、八行？

报：人有五根，道有五根；人有五力④，道有五力；人有七使⑤，道有七觉意；行有八直⑥，应道八种。随病说药，因缘相应。

眼受色，耳闻声，鼻向香，口欲味，身贪细滑，是为五根。何以故名为根？已受，当复生故，名为根。

不受色、声、香、味、细滑，是为力；不堕七使，为觉意；已八直，为应道行。

五根坚意，五力为不转意，七觉为正意，八行为直意也。

问：何等为善意？何等为道意？

报：谓四意止断、神足、五根、五力，是为善意。七觉意、八行，是为道意。有道善，有世间善。从四意止至五根、五力，是为道善；不淫、两舌、恶口、妄言、绮语、贪、嗔、痴，是为世间善。

谛见者，知万物皆当灭，是为谛；见万物坏败，身当死，以不用为忧，是为谛观。

意横、意走，便责对，得制，是为除罪⑦。诸来恶不受为禅。

一心内意十二事：智慧⑧，七为数，八为相随，九为止，十为观，十一为还，十二为净，是为内十二事。外复十二事：一为目，二为色，三为耳，四为声，五为鼻，六为香，七为口，八为味，九为身，十为细滑，十一为意，十二为爱欲，是为外十二事也。

术阇⑨者为智，凡有三智⑩：一者，知无数世父母、兄弟、妻子；二者，知无数世白黑、长短，知他人心中所念；三者，毒以断。是为三也。

所谓沙罗惰怠者⑪，为六通智⑫：一为神足，二为彻听，三为知他人意，四为知本所从来，五为知往生何所，六为知索漏⑬尽，是为六也。

注释

① "辈"，诸本作"事"。

② 三向：《碛》《普》《南》《径》《清》作"三空"。三向，指阿罗汉前的三种向道，即预流向、一来向、不还向。若作"三空"，当指三解脱门，所谓空、无相、无愿。

③ "难：泥洹为灭。报：但善恶灭耳"，《频伽》作"难泥洹为且灭，恶善但报灭"，不通。

④ **人有五力**：指眼、耳、鼻、舌、身等具有识别和感受的能力。

⑤ **人有七使**：使谓驱使、支使，是烦恼的异名。此处指中国传统上所说的七情。

⑥ **行有八直**：即上述直见、直治、直语等八直行。

⑦ "除罪"，《资》作"阴罪"。

⑧ "智慧"，疑为"六慧"之误。

⑨ **术阇**：疑是梵文 jñāna 的古代音译，意译智。

⑩ **三智**：即三达、三明：（一）宿命智；（二）生死智（天眼智）；（三）漏尽智。

⑪ **沙罗惰怠者**：沙罗，疑为沙弥（梵文 Śrāmaṇera 的古译）。泛指初学佛教的人。沙罗惰怠者，即沙弥惰怠者，指乐于神通而不继续深修佛道智慧的学者。谢敷

的《安般守意经序》有对这种学徒的专门批评，谓其将"轮回五趣，亿劫难拔"。

⑫ **六通智**：即六通，六种神通。

⑬ **索漏**：诸本作"素漏"。索即缠、缚义，与漏义同，皆指烦恼。

译文

泥洹有四十类，即三十七品经及三向。此四十事都是为了泥洹。

问：数息是泥洹不？

答：数息、相随，念系鼻头，制止意想，都有所执着，不是泥洹。

问：泥洹为"有"不？

答：泥洹为"无有"。唯是苦的灭尽，另有一名叫意尽。

问：有置难于"泥洹为灭"的说法。

答：但指灭除善恶的（分别）。

所谓"知行"，有时可行四意止，有时可行四意断，有时可行四神足，有时可行五根、五力、七觉意、八行。

所谓"谛"，就是了知定与乱。定是知行，乱是不知行。

问：为什么恰巧有五根、五力、七觉意、八行？

答：因为人有眼等五根，道有信等五根；人有眼等五种感知能力，道便有信等五种能力；人有七情驱使，道有七觉意；修行有直见等八直，即相应于道的八种。随病说药，因缘相应。

眼受色，耳闻声，鼻向香，口欲味，身贪细滑，此是五根。为什么名之为根？因为已经受纳完了，还要继续发生，所以名根。

不受纳色、声、香、味、细滑，此即是力；不为七情驱使，此即是觉意；已行八直，即是相应于道的修行。

五根是坚定的意，五力是不可转移的意，七觉是正确的意，八行是正直的意。

问：什么是善意？什么是道意？

答：四意止、四意断、四神足、五根、五力，乃是善意。七觉意、八行，乃是道意。有道善，有世间善。从四意止到五根、五力，乃是道善；不邪淫，不两舌、恶口、妄言、绮语，以至不贪、嗔、痴，乃是世间善。

所谓"谛见"，知道万物皆当灭亡，此为谛；见到万物坏败，身当死灭，由此不再忧虑，此为谛观。

意念横流，意念走失，立即追究应对，得以控制，此为除罪。诸种罪过来时不受纳，是为禅。

一心之中，内意有十二事：眼、耳、鼻、舌、身、意六种智慧，七为数息，八为相随，九为止，十为观，十一为还，十二为净。此为内十二事。外也有十二事：一为眼，二为色，三为耳，四为声，五为鼻，六为香，七为口，八为味，九为身，十为细滑，十一为意，十二为爱欲。此为外十二事。

所谓"术阇"，是智。总有三种智：一、了知无数世父母、兄弟、妻子；二、了知无数世白黑、短长，了知他人心中所念；三、烦恼诸毒断尽。此为三智。

所谓"沙罗惰怠"，为六通智：一为神足，二为能听到一切，三为知道他人的心意，四为知道本从何所来生，五为知道死后往生何处，六为知道诸烦恼索、漏灭尽。此为六通智。

源流

符秦太安一年（公元三八五年），《增一阿含经》译出，其《十念品》记佛告比丘："当修行一法，当广布一法，便成神通；去众乱想，逮沙门果，自致涅槃。"共当修十法，亦称十念，即包括念安般在内。姚秦弘始年间（公元三九九—四一六年），《大智度论》译出，详释《摩诃般若波罗蜜经》提出的八念，其中亦有念入出息，即念安般。这就是说，大小乘所奉的经典中，都把安般禅列在重要的修行项目中。然而其能够早在东汉之末就传入中国，并得到独立地流行，自应归功于《安般守意经》的译介。

　　安世高生前的传教活动和传承关系，现已不可详考。据《高僧传·安清传》传，安世高曾封函悬记："尊吾道者，居士陈慧；传禅经者，比丘僧会。"这是说，陈慧和康僧会是安世高禅数学——主要是安般禅的嫡传。这个传说的根据，无疑是出自康僧会在《安般守意经序》中的自述家门。然而，从既有的其他史料看，最早弘扬《安般守意经》的当是严佛调。他是临淮人，僧祐称其为"沙门严佛调"或"严阿祇梨浮调"，是可考的中国第一个知名的出家者，也是第一个被尊为阿阇梨的中国人①。曾与另一安息人安玄，在洛阳合译《法镜经》，撰有《沙弥十慧章句》。别有《佛说菩萨内习六波罗蜜经》，《祐录》记原作失译，《长房录》定为严佛调译。

《十慧章句》已佚，严佛调所作的序言尚保存在《出三藏记集》卷十中。序言说："有菩萨者，出自安息，字世高……调以不敏，得充贤次。"据此，严佛调曾为安世高弟子当无疑问。《章句》之作，在于敷宣安世高之所未深说部分："夫十者，数之终；慧者，道之本也。物非数不定，行非道不度。其文郁郁，其用亹亹，广弥三界，近观诸身。"这种由"数"得"慧"，据"慧"以"观"的修行方式，正是《安般守意经》的特点，因此，此《章句》所诠十慧，就是《安般经》中所说的十黠，即数息等六事和苦等四谛。通过禅观六事而证四谛，完全符合安世高的理论体系。谢敷所谓"伸道品以养恬，建十慧以入微"，其旨意大同。

《内习六波罗蜜经》以安般之六事配以菩萨内修的六度，反映了中国佛教由二乘向菩萨乘的转变，是严佛调阐扬安般禅的一大特色。其一数息，配以檀波罗蜜，以为数息者，神得上天，由于布施，身中神会自致二乘果以至做佛。其二相随，配以尸波罗蜜，以为意与心相随俱出入，即不会邪念，不犯道禁，由之得度。三是止，与羼提波罗蜜相配，谓自制其意，能忍而不受贪欲嗔怒，是为忍辱得度。四是观，与惟逮波罗蜜相配，所谓内观身体，外观万物，皆当败坏，由是向道而不懈怠，是为精进得度。五是还，与禅波罗蜜相配，所谓断六入，还五阴，即还身（还五阴）守净，断求（断六入）念空，是为守一得度。六是净，与般若波罗蜜相配，所谓知人万物皆当消灭，断生死、爱欲、求等不净意，由此心净洁，智慧成就，即名从黠慧得度。

　　当然，从总体看，《内习六波罗蜜经》所解释的菩萨六度，实是依附于安般六事，用六事为六度提供一种内心修养的保障。因此，并没有超出以生死无常为基本观念和禁制内外六入为主要修持的范围。其后所说，行布施，为除恶贪；持戒，为除淫怒；忍辱，为除嗔恚；精进，为除懈怠；一心，为除乱意；智慧，为除愚痴。又说，施为制身，戒为制眼，忍为制耳，精进为制鼻，禅为制口，般若为制意。诸如此类，更加贴近《安般守意经》的内容。然而此经强调"为道者，当发平等广度一切，施立一切法桥，当令一切得入法门"，这可以说是唯一与菩萨行相应的主张。

到了三国、两晋，《安般守意经》得到了进一步的弘扬，其开创者，首推康僧会。《出三藏记集》和《高僧传》都有他的传记。他是康居的后裔，主要活动在三国吴的都城建业，所译《六度集经》，力求将大乘救世的思想与儒家的仁政学说协调起来，为中国佛教开辟了积极入世的一途。据其《安般守意经序》，他曾师事南阳韩林、颍川皮业、会稽陈慧，此三贤是在严佛调之后颇有影响的《安般》传播者。康僧会又远仰安玄、严佛调之学，为《法镜经》注义作序。一方面提倡"专心涤垢，神与道俱"；一方面主张"怀道宣德，阊导聋瞽"。因此，他很明确地将"安般守意"纳入了大乘的轨道："夫安般者，诸佛之大乘，以济众生之漂流也。"又说安世高本人怀"二仪之弘仁，愍黎庶之顽暗，先挑其耳，却启其目，欲之视听明也。徐乃陈演正真之六度，译'安般'之秘奥"②。意思是说，安般守意在令学者去秽浊之操，就清白之德，以行大乘六度，普济众生。

康僧会的这一说法，与严佛调的出发点大体相同，都是将安般与六度融合起来，但归宿不同。严佛调是运用安般将六度内在化，以强化自我的完善；而康僧会在通过六度，将安般外在化，当作治疗病态社会、病态心理的一服良方。他在东吴传教，力图用佛教观念以劝阻孙皓的暴虐，就是一个明证。

康僧会以后，《安般守意经》的传播向两个方向发展，其一是以支愍度、谢敷为代表，将禅法变成了般若学的附庸，安般禅的地位随之大贬；另一个以道安、支遁为代表，把禅法当成了玄学的实践，将玄学的问题转化成了佛学的问题。最后，到了庐山慧远，禅与数都趋向专门化，其禅论变成了禅宗的前奏，其数论则导向毗昙学的兴盛。

支愍度属晋渡江后成名的僧人，东晋期间，上升玄学的讲坛，与名士为伍，是般若学六家七宗中“心无义”的创始者。《出三藏记集》中保存有他的《合维摩诘经序》和《合首楞严经记》，表明他以宣扬大乘“般若”为理论中心，同时崇尚大乘禅法“勇伏定”。但据《房录·安世高录》记，他也曾为《修行道地经》作序，而此经不论是哪个译本，在内容上都可以看作《安般守意经》的姊妹篇。道安既作《安般注序》，也撰《道地经序》，以为，《安般经》所解说的“安般寄息以成守，四禅寓骸以成定”，在《修行（道地）经》中，同样是“以斯二法而成寂”，所以是把安般禅与四静虑等量齐观的。

据《祐录》卷二《合首楞严经》条下注谓："合支谶、支谦、竺法护、竺法兰所出《首楞严》四本，合为一部。"又注："沙门支愍度所集。"又注："既阙注目，未详信否。"然而《祐录》卷七《合首楞严经记》于作者支愍度下注："三经谢敷合注，共四卷。"三经指支娄迦谶、支越和支亮的三个不同译本。这样，或者《合首楞严经》本身就有两种，而支愍度为之作《经记》的，则是谢敷所合，并加以注解的。不论怎样，支愍度特别为谢敷的作品作记，表明二人在佛学上有相当密切的联系。

谢敷是东晋时人，当是支愍度的后辈。《晋书》中说他本籍会稽，入太平山十余年，郗愔曾召为主簿，不就，所以把他归为隐逸一流人物。郗愔是天师道的信徒，谢敷则尊奉佛教理趣。从谢敷的《安般守意经序》看，他上承安世高的禅数学系，而最后把它浸没在大乘般若学中。他首先批评那种"无慧乐定"的趋向，认为"闭色声于视听，遏尘想以禅寂，乘静泊之祯祥，纳色天之嘉祚"，把禅定当作追求神异和色天果报的手段，必然轮回五趣，亿劫难拔。然后分析乘慧入禅者有三类人：一是无着乘（指声闻乘），畏苦灭色，乐宿泥洹，志存自济，不务兼利；二是缘觉，仰希妙相，仍有遣无，不建大悲，练尽缘缚；三是菩萨，深达有本，畅因缘无——达本者，有有自空，畅无者，因缘常寂。自空故，不出有以入无；常寂故，不尽缘以归空。对菩萨的这种诠释，正是当时般若学的哲学观念。谢敷按这种观念评价禅法说："苟厝心领要，触有悟理者，则不假外以静内，不因禅而成慧。"所以，悟理成了修道的最高原则，不仅可以由此成慧，而且可以由此静内，实际上取消了禅的功能。

当然，谢敷并没有全盘否定禅定的功能："若欲尘翳心，慧不常立者，乃假以安般，息其驰想，犹农夫之净地，明镜之莹刓矣。"他对于安般禅的肯定，也只达到这个程度，即净心息想，"开士（菩萨）行禅，非为守寂，在游心于玄冥矣"③。行禅不是目的，而是净心求慧的手段。

道安与支愍度大体同时，早年在河北专修安世高系的禅数学，是促使这个学系在东晋时期得以重新兴盛的主要学僧；中年居襄阳，着重讲习《般若经》，被认为是五家七宗中本无宗的领袖；晚年归长安，大力组织译介《阿毗昙》，创毗昙学之先声。观其一生，奔波流离，几乎全是在战争氛围中度过。他在化解南北对抗，增进各族人民的联系上，起过积极的作用。从他的《安般注序》看，分安般为六阶（即六事）；分禅那为四级（即四禅），认为二者具有同一的功能："阶，差者，损之又损之，以至于无为；级，别者，忘之又忘之，以至于无欲也。"因此，禅完成了达到无为、无欲的途径。而无为、无欲本是道家提倡的精神境界。"损"来自《老子》，"忘"来自《庄子》，在道安这里全变成了禅定的过程。所以从形式上看，道安把以安般禅为中心的禅数学，朝着《老》《庄》的方向靠拢得更加紧密。

但道安并没有停留在无为、无欲的水平上，而是将其作为开物成务的前提，所以说："无为故无形而不因，无欲故无事而不适。无形而不因，故能开物；无事而不适，故能成务。"这种观点，使他从《老》《庄》那里直接加入了玄学的论议范围。因为开物成务本是贵无派玄学家的理想，所谓："无也者，开物成务，无往不存者也。阴阳恃以化生，万物恃以成形，贤者恃以成德，不肖恃以免身。"④然而，为什么"无"有这么巨大的作用？又怎样才能实现化生、成形、成德、免身之类的实际效果？玄学家只有抽象的论断，或作为处世行事的一般原则，并无切实可行的道路，难于操作，不能令人有切身的经验，道安则给予了佛教的解决方案："无"就是经过禅定达到的"寂"，"得斯寂者，举足而大千震，挥手而日月扪，疾吹而铁围飞，微嘘而须弥舞"，据此他说："夫执寂以御有，崇本以动末，有何难哉！"⑤

道安的这个解决方案，在《安般守意经》中就是四神足。在那个历史时代的僧俗中间，持类似想象的人不少，其中就有知名度最高，玄学化程度最深的支遁。

支遁字道林，生年与道安相近，而早于道安约二十年逝世，是般若学六家七宗中即色宗的首倡者。所释《庄子·逍遥游》，以佛解《庄》，被称为"支理"，标志着向秀、郭象以来庄学的一大转变。其理略谓："至人乘天正而高兴，游无穷于放浪，物物而不物于物，则遥然不我得；玄感不为，不疾而速，则逍然靡不适。"⑥这段话历来被视为玄言，可以诠释的空间极广，但其实际所指，与道安设想的神通境界是同一类型，而且出于同一的安般禅。据其所作《释迦文佛像赞》叙释迦文成道因缘，曰："厘安般之气绪，运十算以质心（按：即数息）；并四筹之八记，从二随而简巡（按：即相随）；绝送迎之两际，缘妙一于鼻端（按：即止）；发三止之蒙秀，洞四观而合泯（按：即观）；五阴迁于还府，六情虚于静林（按：即还）；凉五内之欲火，廓太素之浩心（按：即净）。"以支遁对于安般禅的理解如此，则其向往的神足，也就是自然的事了。据《高僧传》卷四本传，说他曾注《安般》《四禅》诸经，均佚。

同类的思想，也表现在庐山慧远的言论中，而且说得更加明白："形开莫善于诸根，致用莫过于神通。故曰：菩萨无神通，犹鸟之无翼，不能高翔远游，无由

化众生，神通既广，则随感而应……法身独运，不疾
而速。"⑦

道安等之所以相信"神足"，除了信仰上和禅经验
上的因素以外，最重要的原因是对当时现实生活的痛苦
和不满，字里行间总是充塞着一种无可奈何的出世情
绪。这种出世的情绪，使所谓无为、无欲、开物成务等
本属于社会生活的行为准则，变成了禅定的修持及其构
造的理想，而作为《老》《庄》和玄学的哲学概念，则
被赋予了纯粹佛教的内涵。对道家玄学所做的此类变
更，在促进中国佛教的独立化发展方面，是非常重要
的。此后陆续出现了一股用佛理释《老》《庄》的风气，
道安、支遁是先行者、示范者。

慧远是道安的著名弟子。他曾在《庐山出修行方便
禅经统序》中感慨说："大教东流，禅数尤寡，三业无
统，斯道殆废。"可见他是很有志于重振禅数学的。从
现存的记载看，他没有专门关于《安般守意经》的论
著。对于此经本身的阐释，到道安、谢敷即告结束。但
在慧远的整个理论体系中，却时时能够见到此经的思想
痕迹。其中比较明显的有两个方面：

第一，继承和推进道安开创的毗昙学，将《安般守
意经》中表述的三十七品经和四谛、五阴、十二因缘等
基础教理系统化、清晰化；同时为安世高译籍中已经存

在的有神论，给以三世实有的哲学论证，从而创建了他的有名的神不灭论。此论对外在于反驳当时儒家用以排佛的神灭论；对内在于抵御由鸠摩罗什译介的中观派学说对于有神论的严厉批评。他的《沙门不敬王者论》和在《大乘大义章》中反映的思想，对于厘清中国佛教同传统的儒道观念以及同外来佛教的虚无主义倾向的区别，从而建设独具中国特色的佛教理论体系，有非常重大的意义。

第二，推动禅的独立化运动，将《安般守意经》中蕴含而不显著的五门禅法突出出来，扩大了禅的视野，同时强化了师承关系在禅中的作用，为聚徒行禅提供了根据。唐代禅宗五祖弘忍门下十大弟子中的法如，首先提出禅宗本无文字，唯意相传，以及教外别有宗（教外别传）等说法，就是从慧远的《禅经统序》中衍化出来的。《高僧传·慧远传》记其居庐山三十余年，"影不出山，迹不入俗"；建东林寺，于寺内别置禅林，首开禅僧聚众定居的范例，对中国禅宗的形成，意义是很大的。所以道宣在其《续高僧传·禅论》中特加突出，谓"山栖结众，则慧远标宗"。

自晋宋之际到南北朝，佛教禅法有了空前的发展。其一是随着佛典的大规模译介，大大扩展了国人对禅的视野；第二是有一定组织的禅僧团的涌现，扩大并加速了禅法的实际运用。这些，对于安般禅的命运也是一大冲击。例如，早在《增一阿含经》译出之后，道安就已经知道，安般在佛教诸种禅法中，只居十念之一；而在五善根中，隶属于念根的功能。但这并没有动摇道安独弘安般禅的意志。其后，鸠摩罗什在长安译出《禅经》，介绍五门禅法，所谓息门六事的安般禅，也只占一席之地。但据僧叡所作《关中出禅经序》记，此经乃为诸论师说。诸论师中有僧伽罗叉（众护）一家，罗什所译即主要依僧伽罗叉的著作编纂而成。这个僧伽罗叉，一般认为就是安世高译介的《道地经》的作者。简言之，关中所传新的禅经，其实是安世高禅数学的延续。此后不久，慧远在庐山主持佛驮跋陀罗（觉贤）翻译《修行方便禅经》（即《达摩多罗禅经》)，介绍的也是五门禅法，但突出了达摩多罗与佛大先的传承，从而使五门禅的地位大增。

按：禅分五门，或许在安世高时代就已经存在，《长房录》记安世高译有《五门禅经要用法》，当时已佚，内容不详。到了刘宋，继续有《五门禅经要用法》的译介。但不论是北方僧叡还是南方慧远，都一致把五门禅看作是禅法的五个流派；慧远、慧观等并称其为"五部之学"。然而对于禅的分派，同对于律的分派一样，中国僧人都不甚赞同，所以都力图加以协调，慧远则使其统一于达摩多罗的禅法。他在其《禅经统序》中说"达摩多罗阖众篇于同道",就是这个意思。

佛驮跋陀罗所介绍的这个达摩多罗禅师,原籍罽宾,他的弟子佛大先,即佛陀斯那,曾到过于阗著名的瞿摩帝大寺传禅。东晋末年的凉州智严,北凉贵族、后至南朝的沮渠京声,都曾向他学过禅法。达摩多罗后来被传为是禅宗始祖的达磨禅师的原型之一不是偶然的。

佛驮跋陀罗传播的达摩多罗禅法,在南北朝时期得到广泛地流行。其在北方的传人玄高和玄绍,曾西隐麦积山,"山学百余人,崇其义训,禀其禅道"。后又移至河北林阳堂山聚徒三百。及至进入魏都平城,再次大流禅化,从而翻开了禅法大普及和禅众大流动的新篇章。据《梁高僧传》,他们的禅法特点为"出入尽于数、随,往返穷乎还、净",所以,其核心依然是安般禅。

僧稠是北朝声誉最高的禅师,师承佛驮(即跋陀)一系禅法,曾为魏、齐二朝皇室供养三十余年,"两任纲统,练众将千",所受贵宠及徒众之多,历史上罕见。他的禅法与当时已经流行的达摩禅法,被唐道宣并尊为"乘之二轨"。据《续高僧传》本传记,僧稠曾受"十六特胜法,钻仰积序",并以弘扬四念住为中心。这可以说是他的禅法的两大支柱。此十六特胜和四念住,虽亦为《成实论》等所说,但最早都是出自《安般守意经》。十六特胜被作为考察数息、得息的体验，流通十分久远；四念住为三十七道品的组成部分，也可以单独修行。

据此种种，即使在安般禅被纳入五门及其他禅法盛行之后，仍然没有失去它的独立价值，至少在隋代以前，还时时被当作禅的代词使用，因而也成了禅宗史前期最主要的禅思潮。

隋唐以后，安般禅法又有了新的遭遇。首先是瑜伽行派经典的译介，使整个五门禅的功能被逐步界定了范围。隋初的地论师净影慧远撰《大乘义章》，将五门禅法称之为五度门、五停心，就体现了这一趋向。他列举的五门是：一不净观，二慈悲观，三因缘观，四界分别观，五安那般那观。它们之间的区别，在于对治的烦恼不同。安般观的功能，就被限制在对治思觉多者，从而大大缩小了它的意义。但就其作为禅的一种而言，净影称之为六修定，依据《毗婆沙》的说法，做了精练的介绍。在这里，观与定开始被分离开来，有了止家与观家的分别。

其实，净影所说的五停心，在《安般守意经》中均有所蕴含。此经一开始记佛"得自在慈念意"以及"念四等心"，就是慈悲观；观身恶露，是不净观；观十二因缘为因缘观；观内外六入，属于界分别观（十八界的观念，在这里尚不明确。之所以要把止与观分离，将安般限在定的范围，实际上是反映了南北朝以来佛教义学同禅家的进一步分化）。

净影慧远是北方的学者。在陈隋之际于南方活动的智𫖮则取相反的态度，他将止观兼行的主张推向顶端，并且直接把止观二法作为组织天台宗全部修行的纲领。他把自己的代表著作冠以《摩诃止观》的名称，把普及性的著作名之为《修习止观坐禅法要》，亦称《小止观》或《童蒙止观》。因为在他看来，"泥洹之法，入乃多途，论其急要，不出止观二法……此之二法，如车之双轮，鸟之两翼，若偏修习，即堕邪倒"。

智𫖮集中论禅的著作是《释禅波罗蜜次第法门》，十卷。其卷五引偈言："佛说甘露门，名阿那波那，于诸法门中，第一安隐道。"阿那波那即安般禅，在这里成为甘露门的唯一代表，所以又名第一安隐道。卷七将《安般守意经》中的十六特胜抽出来，作为专题进行发挥。又将安般禅名之曰六妙法门："妙名涅槃，此之妙法能通至涅槃，故名妙门，亦名六妙门。"又说："菩萨善入六妙门，即能具一切佛法，故六妙门即是摩诃衍（大乘）。"此外，他还专著有《六妙法门》一书，开头就说："六妙门者，盖是内行之根本，三乘得道之要径，故释迦初诣道树，跏趺坐草，内思安般，一数二随三止四观五还六净，因此万行开发，降魔成道。当知佛为物轨，示迹若斯，三乘正士岂不同游此路！"这样，安般就成了天台宗指导三乘正士，开发万行，通向成道之路的启蒙门径，所谓"安那般那，三世诸佛入道之初门"。

但智颉还特别指出，所谓安般六事，于凡夫、外道、二乘、菩萨，都可以修行，"解慧不同，是故证涅槃殊别"。这在客观上反映了安般禅流行和普及的范围远远超过了佛教界。如其中"凡夫钝根行者，当数息时，唯知从一至十，令心安定，欲望此入禅，受诸快乐"。所谓凡夫，可以包括一切修持呼吸吐纳的人。中国自古就传有吐纳之法，并多为养生家所看重，可谓源远流长。数息之法与禅那结合，后来为道家所吸收，在某些儒士中间相当通行，与近年来被称为气功的健身法，也有许多共同点。当然，在佛教之外的这类修为，绝不会与佛教的目的一样。智颉所强调的凡夫之修，在于受诸快乐，而且特为标明，此快乐实是于数息中而起魔业，是贪生死的表现。所谓魔业，当指追求神异及其由此形成的身心畸变；斥其贪生死，指妄求生天，或谋求长生之类。智颉在大小《止观》等著作中，曾再三提醒行者不要着魔，并列举了魔事种种，完全可以作为今天行禅练功者之鉴。

可以说，天台宗是继承和发扬安般禅最有力的一个宗派，其影响之深广，直到近现代还能见其痕迹。蒋维乔先生于一九一四年出版《因是子静坐法》及其以后的持续发展，就是以天台宗的止观法门和六妙法门为基本内容，在社会上曾引起相当的反响。他的著作，还被题名《中国的呼吸习静养生法——气功防治法》，于一九五五年由上海卫生出版社出版。安般禅从佛教的领域扩大成了中国整体健身、养生学的一部分。

在唐代诸宗派中，法相宗是偏重教理，不甚看重禅修的一个派别。但其译传的瑜伽行派，却以精于禅观而知名。在所有的修持中，无不是奢摩他与毗钵舍那并提，其对三摩地的分类和介绍，也最精细。其中安般禅占有重要地位。《瑜伽师地论》卷二十七中专释"算数修习"，指导修行者如何在数息念中计数，并达到心里安定的方法。它分此算数修习为四种："一者以一为一算数，二者以二为一算数，三者顺算数，四者逆算数。"所谓一为一算数，指数入息为一，出息为二，如是辗转，数至其十；所谓二为一算数，指入、出息总合数之为一，依此数至其十；顺算数，指从一至十顺次计数；逆算数，指自十到一，逆序计算。通过这四种算数的反复练习，做到心无散乱，然后进到胜进算数，即将此四种算数合而为一，配合入息出息，从一至十，乃至以百为一而算数之。如此反复，达到极串习，其心自然乘任运道，安住入息出息所缘，无间，无断，相续而转。由此可以产生一种能取的能力，不应再数。这种数息入定之法，在细密的程度上，同《安般守意经》讲的十六特胜如出一辙。已故的巨赞法师即在吸取法相宗有关禅学的基础上，特别发挥天台宗的止观法门和六妙法门，也是主要用于民众的健身和医疗。近代以来，佛教救世的思想复兴，将佛家禅修改造为一门有益人们身心健康的事业，应该属于其中之一。

注释：

①见《出三藏记集·安玄传》和《沙弥十慧章句序》署名。

②康僧会：《安般守意经序》。

③《安般守意经序》，见《出三藏记集》卷六。

④《晋书·王衍传》记何晏、王弼之说。

⑤《安般注序》，见《出三藏记集》卷六。

⑥《世说新语·文学篇》引注。

⑦《大乘大义章·七问法身感应并答》。

上述简要的历史回顾，大体反映了《安般守意经》的价值，它的思想衍化，则在一定程度上体现了中国佛教的发展轨迹。

　　就此经本身言，尽管组织松散，次第紊乱，在细节上不易弄通，但其总体结构和思想特色还是相当清楚的。大体说，上卷着重论述安般禅本身，下卷广释三十七品经，触及的内容几乎包括小乘佛教的全部修持。

　　安般禅是梵文安那般那念（Ānāpānasmṛti）的略称，新译作阿那波那念，意译持息念、数息观等。《安般守意经》将它分为六个步骤①，即所谓"数息、相随、止、观、还、净"，这六个步骤又可分为两大部分：即止与观。数息、相随的目的在于止，是禅的原始本义。

止给观提供一种特殊心理条件，而观想的对象及其由此达到的境界、得出的结论，则多种多样，无穷无尽。作为一种特定的禅法，《安般守意经》将观引向还与净，即通过对佛教教理的思考，灭除五阴秽想，还心以洁净，而归于泥洹。

所谓止，或禅，在这部经典中称之为守意，与中国佛教对心、意、念、想等精神作用的认识有直接关系。换句话说，对于心、意、念、想等主观精神作用的认识，实为中国人接受禅定这一外来思想的哲学根底。远的勿论，就康僧会看来，"心之溢荡无微不浃，恍惚仿佛，出入无间"，尽管不可视听，但像化生万物的种子一样，"一朽乎下，万生乎上，弹指之间，心九百六十转，一日一夕十三亿意"，因此而支配整个人身，做种种业行，所以必然成为行道者关注的中心。所以谢敷说："夫意也者，众苦之萌基，背正之元本，荒迷放荡，浪逸无涯，若狂夫之无所丽；爱恶充心，耽昏无节，若夷狄之无君"，如果顺其奔流，必然沦于三界生死，因而必须严加守护，令其自反。这就是禅之所以名为守意的基本原因。

这些言论是针对心意的消极一面说的。僧叡则特别发明心意的积极功能。他在《关中出禅经序》中说："夫驰心纵想，则情愈滞而惑愈深；系意念明，则澄鉴朗照而造极弥密。心如水火，拥之聚之则其用弥全，决之散之则其势弥薄。"心无形故力无上，心力既全，乃能转昏入明。因此，禅定不但在祛惑防患，而且主要在使思想清明，心力集中，便于充分发挥精神的能动作用。从这个意义上说，所谓止的原理，对于任何人的正确思维都是适用的，因而带有极大的普遍性。

在佛教的禅法中，最典型的形式是禅那（静虑）。但如何达到禅那的那种身心安适、宁静、明智的状态，禅那本身并没有说明。安般禅从数到止的方法，则提供了极其具体的运作程序。数息是默念十个数字，首先系念于呼吸的次数，全部注意力集中到计数与呼吸的联结上，所谓"系意着息，数一至十，十数不误，意定在之"。如此行定，经过三天或七天，可以做到寂无他念，泊然若死，弃十三亿秽念之意，此称数定。既获数定，则不再数数，注意力转移到随顺一吸一呼的气息上，所谓转念着随，意定在随，由此达到垢浊消灭，心稍清净，谓之得息。既已得息，注意力再次转移，集中于鼻头，此谓之止。据说"得止之行，三毒、四趣、五阴、六冥，诸秽灭矣，昭然心明……偎以照天，覆以临土，聪睿圣达，万土临照。虽有天地之大，靡一夫而能睹"。

以上是康僧会在《安般守意经序》中的解释。他称数定为一禅，得息为二禅，得止为三禅，总名行寂止意，实现心静意清。这正是禅的本质规定。他举例说，假若人闹处，"驰心放听，广采众音，退宴存思，不识一夫之言，心逸意散，浊翳其聪也；若自闲处，心思寂寞，志无邪欲，侧耳靖听，万句不失，片言斯着，心静意清之所由也"。这段话，正符合禅定的本来意义。当然，《安般守意经》对止的理解绝不限于此。止的引申还在于能控制心意的外向探求，不为五欲所左右，因而也可以成为禁欲主义的方便法门。

由止转向观，是修持安般过程的一大转变。那就是借止的清明，观想思维种种教理，从而得以解脱。按经文本身的说法，观想的对象及其意向，即是此经下卷所介绍的三十七品经的范围。三十七品经是三十七道品的古译，新译为三十七菩提分，乃是对小乘佛教全部修习的总汇。其思想传来中国也很古老，安世高译有《佛说三十七品经》，汉魏之际的《牟子理惑论》曾就三十七品的名数做过答辩。东晋竺昙无兰注释《三十七品经》并为之作序，可见传播得也相当广泛。《安般守意经》把它列为自己的观法，当然含有以安般统摄全部修习的意思。

但是，对于此经的诠释和安般的运用，随着时代的演变而有颇不相同的侧重点。大体说，迄于东晋，它被看重而且发挥最多的一面，是厌世情绪和禁欲主义。康僧会的序言说:"还观其身,自头至足,反复微察,内体污露,森楚毛竖,犹睹脓涕;于斯具照天地人物,其盛若衰,无存不亡……摄心还念,诸阴皆灭,谓之'还'也。秽欲寂尽,其心无想,谓之'净'也。"此处释安般六事中的观,指的是观身不净,亦即二甘露门中的不净观。其在四谛中,属苦谛四行相之一,在三十七道品中属四念住的第一念住,同时又是八解脱、八胜处、十一切处等著名禅观的入门处,其核心思想,在令人厌恶人身,从根本上遏制情欲的发生,属于早期佛教人生观中的一种最普遍的基调。所谓"还"特规定为诸阴皆灭,即五阴皆空的意思,是从五阴的和合上对于人我的否定,属于佛教最基础的教义之一;康僧会说为四禅以上的境界,当是四无色定所达到的那种心理状态。最后的"净",此处指其心无想,相当无想定,是与灭想定相同的一种禅定,有人或把它作为涅槃,或把它当作涅槃的预习,都是指思想活动处于停息,但与睡、闷不同的心理状态。因此,康僧会对安般六事的概括,实际是后来称为九次第定的内容。

以制淫厌身为主线的禁欲主义和悲观主义上承《四十二章经》,下接其极端者《成实论》之学和《十二头陀经》之禅,在中国佛教中起支配主导作用约四百年,客观上反映了东汉末年至隋唐统一这一历史时期的社会动荡不安，战乱频繁和广大民众挣扎在死亡线上的痛苦遭遇和悲惨命运。汉魏之际的王粲作《七哀诗》："出门无所见，白骨蔽平原"；曹丕《自序》："百姓死亡，暴骨如莽"，可以作为那个时代的写照。仲长统感叹："名不常存，人生易灭"；曹操唱："对酒当歌，人生几何"，是经过亲身体验得出的人生哲学。及至曹植作《髑髅说》，陈"死生之说"，其厌生的旨趣，与佛教修死想几乎完全相同。这种思潮在某些玄学中表现为纵欲主义和混世主义的对立物，同时又是与玄学同一社会生活基础的精神投影。

这里顺便说明一下：一般认为，促使佛教进入古代上层社会的是般若学；般若学是中国佛学中最早的显学。这结论大致不错，但应补充，禅数学的地位绝不可忽视。以《安般守意经》为典范的禅数学，早于般若学，而后与般若学共行，不但在佛教界，而且在士大夫中间，也有不少知音。即使表现豁达、洒脱、口不离玄言的名僧、名士，也不时流露出彷徨无着、消极绝望的情绪。因此，可以说《安般守意经》所表达的思想趋向，有充分的存在根据，是社会时代使然。

当然，不满足于《安般守意经》消极性并力图加以补救的努力，大约从严佛调吸取六波罗蜜于安般就开始了。六波罗蜜的基本精神，是把个人的痛苦同众生的痛苦统一起来，从众生的解脱中获得个人的解脱，所以通常归于大乘的范畴。康僧会曾大力推行十善六度以救世，同时又特别提倡开发安般中的神通一途，即三十七品经中的四神足部分，作为个人解脱的最终归宿。这样，消极无望的色彩大大减少了，厌生出世的情绪也得到了限制，应该说这是佛教的一大进步。然而，这也没有从根本上解决问题。且不说神通只不过是禅定中产生的一种能力。由于六度被归结为般若波罗蜜，空宗激荡，在特定意义上说，反而增添了人们的惶惑和迷惘。这个时候，应运而生的佛性论出现了。

我非常看重僧叡所作《喻疑》②在反映中国佛学从般若学向佛性论的巨大转变中的文献价值。其中讲到《大般泥洹经》所云："泥洹不灭，佛有真我；一切众生，皆有佛性；皆有佛性，学得成佛。"又特别说及传般若学的鸠摩罗什，"此公若得闻此佛有真我，一切众生皆有佛性，便当应如白日朗其胸衿，甘露润其四体，无所疑也"。这种对于佛性论的振奋，主要基于三个原因：其一是"一切众生皆有佛性"的命题，确立了"生"的尊严，从而确立人生的可贵；第二，改造了"涅槃"的概念，给予了"常乐我净"以崭新的规定，从而设计出一个极其美好的、值得献身奋斗的理想王国；第三，促进佛教修习不再被讥为"灰身灭智"式的修死之说，或被归为空诞虚妄。这种充分肯定人生价值并激励人们从现实生活出发，为佛教的美好未来做切实奋斗的学说，对于《安般守意经》的禅数观念，无疑是一个非常有力的刺激。地论学和摄论学的继起，进一步强化了这种冲击。其表现之一，就是净影慧远对于安般禅的地位的贬低：仅仅限制它在制止思绪烦乱中发挥作用，即只让它起心绪宁静专一的功能，而删除它的"观"的内容；其观身不净一面，虽然保留下来，但也只限于对治情欲过多的毛病。这就是数息念之所以被列入"五停心"之一的原因。

对安般禅做彻底改革的是智颛。他倡导的止观双修，实是安般六事的概略。当然，做这种概略的，不是从智颛开始。东晋的道安在其《阴持入经序》中就止观并称，意思是禅与智不可割裂。到了庐山慧远，愈益明确，他的《禅经统序》说道："三业之兴，以禅智为宗……禅非智无以穷其寂，智非禅无以深其照"，此谓之禅智相济，并以此总括佛教的一切修行。慧观在其《修行道地经不净观序》中强调："定慧相和以测真如"，止观成了把握真理的唯一门径。但是，在止观的具体内容上，谁也没有像智颛那样给予如此重大的变更，以致使安般及其六事，也与天台宗的整个教理体系完全接轨。

关于数息，智𫖮在《六妙法门》中有一段纲领性的话："于数息中，不得生死可断，不得涅槃可入。是故不住生死，既无二十五有系缚；不证涅槃，则不堕声闻、辟支佛地。以平等大慧，即无取舍心，入息中道，名见佛性，得无生忍，住大涅槃常乐我净。"显然，这是从佛性论的观念做解释的。以此作为安般的主导思想，同《安般守意经》之恶生死，入泥洹，抨击人身"非常、苦、无我、不净"，可谓背道而驰。据此去阐发"六事"，其差别的悬殊，也就可想而知。譬如讲"观"，不只观身，或主要不是观身，而是观心；观心也不是落脚在无常上，而是观心本自不生，或观心源，知"何等为诸法之源？所谓众生心也，一切万法由心而起。若能反观心性，不可得心源，即知万法皆无根本……当观心时，虽不得心及诸法，而能了了分别一切诸法；虽分别一切法，不着一切法，成就一切法，不染一切法，以自性清净、从本以来不为无明惑倒之所染故"[③]。这种观的本质，在呼唤了了分别一切法，同号召心想尽灭，是绝对不可同日而语的了。

我以为，安般禅的主要经历，从特殊的角度，反映了中国佛教发展的历史轨迹，也是对《安般守意经》做出的最公正的评价。至于近现代出现止观分家的迹象，安般禅被独立运作为健身养生和安神静心的法门，从而具有了更广泛的文化意义和社会意义，那或许是体现着佛教的又一个时代的来临。

注释：

①西晋竺法护译《修行道地经》，卷五分数息守意为四事，即数息、相随、止观、还净。

②《喻疑》，载梁僧祐《出三藏记集》卷五，署名"长安叡法师"。僧祐记此"叡法师"即为慧叡，实为僧叡之误。有学者认为，慧叡与僧叡是同一个人，但根据尚欠不足。

③《六妙法门》。

附 录

禅修释疑

一、佛光山禅堂知多少

1. 禅堂启建缘起

佛光山修持中心禅净法堂，简称佛光山禅堂；经五年筹划，三年兴建，于一九九四年春竣工；坐落于佛光山大雄宝殿后方。殿左有玉佛楼，殿右有金佛楼；玉佛楼附设男众禅堂，金佛楼附设女众禅堂，专供僧众坐禅使用。结合如来殿所附设之禅净法堂（信众禅堂），总称为"佛光山修持中心"。

佛光山修持中心之兴建，乃开山大师有鉴于多年来佛光山僧众之发心弘法；信众之努力护持，却苦无一处具有多功能的修持殿宇供僧信二众使用；及有鉴于台湾社会拜金风气之弥漫，道德人心之迷失堕落，故特建此修持中心，拟以常年举办坐禅、念佛等行门修持，来增进僧信二众的心地功夫，改善社会风气，净化社会人心，为我们的社会、国家、世界略尽绵薄之力。

2. 禅堂设施用途

禅堂，古称僧堂、云堂或选佛堂，是禅宗丛林的主要建筑，为天下僧众安身立命，专志修行的所在，禅僧昼夜于此行道。据百丈怀海所立《百丈清规》卷八载："所哀学众，无多少、无高下，尽入僧（禅）堂中，依夏次安排，设长连床，施椸架挂搭道具。"意指一切僧众不论人数多寡、身份高低，若进堂参修皆须依受戒先后安排禅堂座位。主要是为禅僧行坐参修，及粥饭、休息等起居生活提供场所，所以设有长连床（广单）、衣架之类的生活基本用具。

禅堂通常有两个门，正门写着"正法眼藏"，佛光山禅堂则书"法界禅门"，后门通称"方便门"，是供僧众盥洗、方便之用。传统禅堂的建筑长六丈至十丈，宽四丈至八丈不等，佛光山禅堂则长十二丈，宽八丈，分为外禅堂与内禅堂，外禅堂能容四百人一起参修；内禅堂能容百人行坐，并设有长连床（广单），一切食、宿、行坐修持皆在其中进行，是一所具有传统丛林禅堂风格的修持闭关中心，又配合现代装潢设备，因此整个禅堂的色调、采光、通风，皆能让人安住身心。

此外，堂中还设有一佛龛，正中安奉佛像、圣僧像及供奉禅藏，表佛、法、僧三宝同时住持禅堂之意。四面设有坐禅位，中间则完全是个大空庭，可使禅者在坐禅劳累的同时，能有一处经行、跑香（适当踱步行走）的空间。跑香时，可分两个圈或三个圈来跑。欲快行者跑内圈，喜慢行者跑外圈。跑香是为了活动筋骨、疏通气血，以便安心坐禅，同时培养动态用功的能力，俾成就动静一如之功夫。坐禅止静时要将门帘子放下来，并悬挂"止静"牌。门帘子一放下，就不可任意进出、走动，或静中响动。因为止静的讯号一响，刹那间，世界仿佛就静止了下来；在寂静的气氛下，可使人感受到禅的气息。在不坐香的时间内，则相反地悬挂"放参"标示牌，听许自由活动之意。

堂中还设有"维摩龛"，传统禅林的维摩龛只有一座，是设在佛龛的后面，佛光山则有二座，分别设在堂口东西单的两侧，东单之法座专属主七和尚使用，西单之法座则专属方丈和尚（住持）使用。其他，诸如悬挂在东单前门边的钟板，及香桌上摆放的木鱼、引磬、慧命牌、香板等，皆属禅堂设施，于引领僧众作息、督导行者禅修时使用。

传统丛林的禅堂是专属僧众参修的禅堂，然佛光山禅堂则是一所供出家僧众、在家信众及社会大众禅修的禅堂。欢迎大家来使用禅堂！庄严禅堂！

3. 禅堂例行活动

为接引社会不同阶层人士静坐禅修、净化身心，本堂设计了一系列禅修活动，供有缘者参考使用，详如制表：

随喜禅	常年举办，每周进行。提供给公家机关、学校、公司、佛光会等社会团体参修，于香别时间内随喜进堂参修。
一日禅	常年举办，每周进行。每日五支香。
双日禅	常年举办，每周进行。每日十支香。
三日禅	常年举办，每月进行。每日九支香。
禅七	每年春、夏、秋、冬四季各举办一期，提供给具禅修素养者参加。

4. 僧众禅堂简介

僧众禅堂是一所属于佛光山出家僧众专用的禅堂，本山禅净法堂（信众禅堂）于一九九三年四月间正式对外开放，其后本山个别分院亦陆续增设禅堂，以服务社会大众。为配合禅修弘化，及增进徒众内在涵养，开山大师特于一九九四年初指示：恢复传统禅宗丛林"坐长香"的制度，经数月规划，于同年八月间正式成立；属于僧众长期参修的禅堂。本堂每年于期头（农历八月十六）、期尾（农历二月十六）时，受理本山僧众讨单。亦计划于未来接受十方僧众讨单参修。

二、现代人为什么要学习坐禅

在现实生活中，每个人都有一颗贪婪、善变、不断向外奔驰攀缘的心；这颗心，如果不加以锻炼，是无法捉摸、控制的。当自我无法控制自己心意时，就会不满于现实所拥有的一切，这便是"苦"产生的根源。

如何配合日常生活的需要，透过禅的修持训练，使自己的思绪能渐趋冷静、理性、稳定，以升华人格，增进内在涵养，实为现代人当务之急！

现代人学习坐禅的目的，大致有三种心态：

1. 为了健康

现代人因事务繁杂，身心疲惫之余，借由坐禅的锻炼，调身、调息、调心来强健身心；让自己有更多心力来应付社会局态的变迁。

2. 为了心灵的净化

坐禅的修持可以提升人的内在涵养，使他更慈悲、敏锐、明晰，更有睿智与远见，等到每个人都有深刻的禅修体验时，"爱人、爱世界"，将成为一种常态。净化现代人的内心世界，并依此而不断地改善外在世界，使之趋于圆满、至善，这才是现代社会进化的正常途径。

3. 为了体悟佛法

禅僧，或是在佛道上精勤的禅者；希望借由禅的修持，达到明心见性的内在体证，以圆满佛道。

一般而言，这些希望，都会在实践坐禅的过程中得到或多或少实现。由此可知，坐禅是一种"实践哲学"，懂得多少理论与方法，并不能使你进入禅的堂奥；只有努力学习坐禅才能完成自己的愿望。

三、何谓坐禅

谈到禅修，大家都以为进行禅的修炼一定要坐禅。所谓老僧入定，要眼观鼻、鼻观心，这样才叫禅修，才叫打坐。

但是六祖大师却这样告诉我们："外于一切善恶境界，心念不起，名为坐。内见自性不动，名为禅。"这是说明：真正的坐禅，必须在行、住、坐、卧的日常生活当中训练自我，不被"一切善恶境界"所转，及时刻能发现自我灵性、体悟禅趣，方是真坐禅。

虽说禅修不能执着于打坐，不过初学者还是应以"坐"为入门，因为唯有"静中养成"，才能致"动中磨炼"之功，此点观念极为切要。

四、坐禅的前行准备有哪些

1．安座位：上座之前，先将坐处调整安稳，使久坐之后，不致产生不适之感。

2．松腰带：手表、眼镜、腰带等一切束缚身体的物件，皆须松开，使身完全松弛，才不妨碍血液循环。

3．垫臀部：无论初学或老参，臀部都须垫蒲团，以松软为佳，厚薄随个人身体需求而异，以能坐得竖直平稳，不阻塞气脉为妥当。倘是双盘，所垫蒲团应薄，若是单盘，所垫蒲团须厚。双盘而垫过厚，则上身不稳；单盘而垫过薄，则双腿容易酸麻。

4. 裹膝盖：气候冷时须包裹膝盖，以防风寒入侵，若得风湿症，极难治疗。

5. 摇身体：将身左右摇动几次，然后端直，无倾斜之患；或者身体前倾，使尻部凸出，再缓缓将身竖直。

6. 吐浊气：口吐浊气，先自鼻子深吸一口气，然后开口放出，不可粗急，应缓缓安静而吐。且做观想，想身中浊气随之而出，如是口吐鼻纳，重复三次至七次，若身息调，一次亦可。

7. 含笑容：默念"放松"，使面部神经松弛，慈容可掬，心情就自然开朗、愉快，若表情生硬枯槁，变成冷峻，内心亦会随之僵硬。

五、何谓毗卢遮那佛七支坐法

此坐法简称"毗卢七支坐法"，是坐禅调身最佳的一种方法。对于七支坐法的次第和内容，各家看法不尽相同，本文仅就调身部分，介绍七支坐法的内容。

1. 端坐盘腿：此有多式，应听由视自己腿子的软硬，选择坐式，分别介绍如下：

（1）全跏趺坐（双盘）：先将左脚放在右腿上，再将右脚放在左腿上，名"吉祥坐"。或先将右脚放在左腿上，再将左脚放在右腿上，名"降魔坐"，亦名"金刚坐"。

（2）半跏趺坐（单盘）：右脚放在左腿上，左脚放在右腿下。或左脚放在右腿上，右脚放在左腿下。

（3）缅甸坐：两腿平置于坐垫上，不交叉，不重叠，令一脚在前，一脚在后。此式能使身体平衡。

（4）交脚坐（散盘）：即交叉端坐，两脚均置地面，两脚掌朝上，置于两只大腿的下面。单跏趺坐亦觉困难时，可采取此坐姿。

2．竖直背脊：必须使脊椎自然直立，若身体衰弱，或有病者，最初不能挺直，则随其自然，练习日久，自能渐渐竖直。但要注意，是自然之直，过俯与过仰皆不如法。

3．手结定印：又称"法界定印"或"三昧印"，先将右手掌仰放在肚脐下的脚上，再将左手掌仰叠右手掌上，还须注意将两拇指轻轻相拄。

4．放松两肩：两肩微张，两手自然下垂，使两肩肌肉自然放松。

5．内收下颚：将头摆正，后颈靠领，下颚里收，颔压喉结。

6．舌尖抵腭：闭口，舌尖轻轻抵住门牙上龈的唾腺，不宜用力，若有口水则缓缓咽下肚去。

7．收敛双目：双眼半开半闭，视若无睹，不须照看在任何东西上，若闭眼易定，则全闭为佳。

这七支坐法，都有其含义，非常符合生理与心理的自然法则，虽不明言气脉修炼，其实气脉之功效，已含蕴在这七支坐法中。

六、坐禅完毕要下座时应如何

上座坐禅之时，是由粗至细，由动入静；下座之时，由细至粗，由动出静，上座下座皆不应急躁、粗暴，尤其下座，更应轻轻动身，徐徐做下座的动作，才不致损伤身心，因在坐禅当中，心息寂静而住，脉气微细而行，若下座过于顿促，令微细气息未散，住在身中，则可能引发头痛、四肢僵硬，如得风劳一般，于下一次坐中会感到烦躁不安，所以下座时，须注意一些事项：

1．异缘：舒放身心，转换所缘（坐禅时之功夫），令心自然专注于每一下座动作。

2．吐气：开口吐出浊气，心想气从全身毛孔随意而散。

3．动身：将头、身、肩、腰等，轻轻摇动。

4．动足：上身动过后，再动二足，使其柔软。

5．摩身：将双手搓热，再遍摩全身各部。

6．开眼：仍然搓手令热，轻拭眼皮周围，然后开眼。

7．热歇方出：坐禅后往往气血畅通，全身温暖，有时出汗，须将汗擦干，身热稍退，方可随意行动。

七、坐禅时如何调呼吸

调呼吸，一般通称"调息"，气息和顺舒畅，心境才能平静安稳。要想坐禅净心，若善调息，必能得事半功倍之效。因为人体生理的动静以及心理情绪的波动起伏，与呼吸的气和息，有极密切的依存关系。

如何调息？须知呼吸的现象（方式）有四种：

1．风相：鼻中呼吸有声。刚做完激烈运动之时，即是此相。（不宜打坐）

2．喘相：呼吸虽无声，但出入结滞不通。在感到恐惧、紧张、病痛、虚弱、兴奋、疲倦之时，即是此相。（不宜打坐）

3．气相：呼吸无声，亦不结滞，但出入不细。正

常人平常的呼吸即如是，每分钟大约十五至二十次的呼吸。（不宜久坐）

4．息相：呼吸无声，亦不结滞不粗急。出入绵绵，若有若无，气定神闲，心情愉快。（最宜坐禅）

风、喘、气三种现象，都是气息未调之相，而刻意用心去调和，反而成为障碍，不能达到坐禅的静定之效。

举要言之，呼吸任其自然，不加控制。但平心泯念，而安住于寂然之境，久而久之，自然气沉丹田，脉解心开，这即是我们修习坐禅，初入学时最好的调息方法。

八、坐禅时如何处理散乱的思绪

一颗未经训练的心，通常是好分别、好思维、好乱想、好贪取的，所以佛陀把凡夫众生的心形容为"心猿意马"。我们之所以会有贪欲、嗔恨、痴爱等烦恼，除了对宇宙人生的真相（真理）不明白的原因之外，主要还是由于心的散乱、贪取所引起。如何才能改善胡思乱想，以及贪欲执取的坏习惯呢？在此提供一种简单易学的方法给大家修炼，此法名为"数息观"，是释迦牟尼佛亲传的法门。

所谓"数息观"，即是依于出息、入息进行数目字的念数，而且须边数边观察，看心意是否安住在对呼吸与数目字念数的观察上，故名"数息观"。当出息时，把注意力集中在数出息的数目字上，每呼出一口气，数一个数目字，数到第十，再回头从第一数起，如是周而复始，绵密念数，名为"数出息"，或者于入息时观察念数，方法与数出息同，名为"数入息"，若能数到心无杂念，而达到不必刻意用心，即能自然念数之时，身心便会有异常愉悦的感受产生，这即是修炼数息观得"定"的证明。

此外，在数目字的念数上，除了从一至十的数法外，亦可作十、九、八、七……的逆向数法，或作一、三、五……，或二、四、六……，乃至五、十、十五、二十……顺向不定式的数法，以防止因固定数一法，而让数息观的修炼产生机械化的厌倦，减弱对念数的专注力，导致杂念的活跃，或昏睡现象的产生，因此适时地变换数息方式，是必要的。

九、什么是理想的坐禅环境

"工欲善其事，必先利其器"，选择理想的坐禅环境，对初学者极为重要。山中之水边、林下；郊外之寺院、精舍为最适于坐禅。初学应勤于寺院与众共修，待完成基础训练，再居家独修。居家独修者更应重视环境选择，能有一间格调清幽、高雅的禅房最为理想，若无则利用卧室来作为习禅的处所亦无妨。应注意之重点如下：

1. 空气须流通：静室不宜密闭，以免造成闷热、昏睡现象，影响身心健康。亦不宜让风直吹到身上以免风寒侵身。

2. 明暗要适中：光线太亮，容易刺激视觉神经，也易散乱；光线过暗，则易昏沉，或引起幻象，不易使心平静。光线柔和适中，较易得定。

3. 避免受干扰：嘈杂人声、音响声，或时有人出入，皆会造成干扰，影响入静。坐禅时亦忌讳在静定之时受人骚扰，例如呼叫、碰触、摇动坐禅人的身体等。

4. 应供圣者像：人有诚心，佛有感应。于禅室中，安置佛、菩萨或罗汉圣像，而常上香、供茶、献花，则能得护法善神，诸佛、菩萨守护，不为一切鬼魔扰害。

十、坐禅的利益有哪些

禅学，是一门生命之学；禅修，则是一项生命科学的实验，若不能发起细水长流的恒长心、坚忍心，欲成道业，便成妄想。兹将禅修之利益叙述于下，以资感发恒长心、坚忍心，而助成道业。

1. 消除生活压力

生活压力的产生来自心的散乱，以及对生活现象的错误认识与执着，当透过坐禅训练，让心静下来时，"觉性"会帮助我们辨别邪正、厘清错误，所谓的压力也就自然消除。

2. 增进身体健康

现代的医学科技告诉我们，人类百分之七十的身体病痛是来自心内焦急、贪婪、嗔恚的情绪，佛法亦说："心生则种种法生。"由此可知，若想增加身的健康，从心的修养做起，必能得事半功倍之效。

3. 提升内在涵养

人心之不古，道德之没落，乃起因于人们听不到，或没有时间听自己内心"宁静"的声音，所以终日活在追逐名利、权势、地位当中；时刻为爱恨情愁、忧悲离苦的恶友所扰害，倘能与"坐禅"为友，则可逐渐远离名利、权势、地位，爱恨情愁、忧悲离苦的恶友，进而升华内在涵养。

4. 享有禅悦之乐

佛陀说：坐禅能得"现法乐住"，所谓现法乐即是禅定之乐，是一种从绝对寂静心中所产生的美妙快乐，非世间五欲之乐可比，勤于坐禅修持者，能体验到这种禅悦之乐。

5. 不为烦恼所缚

佛陀还说：坐禅能得"漏永尽"，这漏永尽的"漏"字就是烦恼的别名，坐禅能使烦恼永远止息，获得究竟解脱，故言漏永尽。

6. 开发本具智慧

《楞严经》云："摄心为戒，依戒生定，依定发慧"，这里所讲的智慧是"般若"的意思。般若是梵文音译，翻成中国话叫智慧，是一种能体悟宇宙人生真相的智慧，非一般世智辩聪。由于"般若智"是一切有情众生本具的，只要假以时日地坐禅修炼，就能显发出来，故言开发。

7. 明见清净心性

"何期自性本自清净"这句法语是六祖大师开悟时说的，若语译成白话即是"没有想到人们的灵性本来就是清净无染的"。坐禅能帮助我们得到这种体证，找回我们的本来面目。

8. 圆满成就佛道

有僧问："什么是佛道？"

马祖禅师说："即心即佛，非心非佛，无心是道。"现前这一念心如何做"佛"？既已无心如何悟"道"？佛道是什么？唯证方知，唯精勤于坐禅者能证，唯证悟者能圆满成就佛道。望君努力坐禅才是！佛道是什么？参！

十一、修学坐禅的"助道因缘"有哪些

1. 近善知识：坐禅修炼之事，各家所说不同，若有体证，深浅难测，邪正难辨，故须亲近善知识，依之抉择修学，才不致造成伤害身心之遗憾。

2. 培养慈悲："一念嗔心起，百万障门开"，嗔恨是失种种善法的根本，坠入恶道的因由，其力甚于猛火，要常加防护，不使生起。培养慈悲心即是最佳之对治方法。慈悲之人，心性柔和，坐禅较能入静。

3．止恶行善：修学坐禅之人，一切大小恶事都不应犯，才不会导致心神不宁。若遇有过恶之事，无论大小，皆须忏悔，令心清净。遇有善事，不管大小，皆应随喜去做，以培修福德。

4．不多攀缘：不以欲心，攀缘外务；若多攀缘，心必多事，于坐禅时，难得调静。

5．善调饮食：饮食者，饥饿病之药也。倘食过多，身满气急，百脉不通；若食过少，则营养不足，体力不充，坐时气羸心悬，意虑不能定。所食之物，亦须以蔬菜类之"健康饮食"为主，才有助于坐禅。

6．善调睡眠：不可贪睡，贪睡则心神暗敝，增长愚痴；亦不宜刻意少睡，少睡则容易昏沉，无力坐禅。

7．除掉悔盖：好东游西走，跳动杂耍，名"身掉"。喜欢吟咏歌唱，或无意义之笑谈，名"口掉"。心情放荡，纵意攀缘，种种无意义之缘想，名"心掉"。此三类散掉，会破坏禅定，故须舍弃。"悔"是忧悔、懊悔之意。因思维所做不谨慎之事或可耻行为，心中放不下，而常忧悔。如能知非，忏悔不再做，且事后不再忆想念着，知罪性本空，自不妨碍坐禅。

8．深具信心：（1）信自己与一切众生皆有佛性，今日能闻道修法，必是宿世多种善根之人。

（2）信教授师是有道之人，不可看师形貌不庄重，便心生疑慢，真有道者，往往秘而不宣，既从师受学，应信而不疑，恭敬如仪才是。

（3）信所修法门殊胜，不可执着于自己妄心所想，对所修法起疑，既不能感发真信，如何深入修学，不能深入修学，则难得其益。

十二、习禅者应具备的条件是什么

世间是缘起的，缘起世间的一切，皆假因缘（关系条件）和合，方得成立。习禅者欲入禅门，体会禅趣，应有如下因缘条件，方能成办。

1．正确的知见：思想观念——知见，是吾人善恶行为的主导，荒谬、错误的禅修知见，会引生盲目颠倒的怪诞行为，譬如不食人间烟火、谤无因果、妄想转生天界，获得殊胜地位；练成神通，成为超人；炫耀自我成就，让别人欣羡等。习禅若如是，就走入歧途了。《联合报》曾经刊载：大陆学气功坐禅者很多，然因此而得精神病的也不少，这就是错误的知见、动机所引生的结果。所以习禅须先确立"正确的知见"，方不致禅修无功，反而造成身心的伤害。

2．开放的心灵：习禅者，须培养理性、客观的修为，遇不如意事，应以"水平思考"的方式检视自心，处理情绪，才能超然于是非之外。

3．清净的戒行：一般人只是爱慕禅定功德，却不知从持戒学起。不知道自己的身心，一直在烦动恼乱中，如狂风骇浪一样，就想凭盘腿子、闭眼睛、数气息等，一下子压服下去，这就难怪不容易得定。守持净戒，对坐禅有绝对的帮助，生活的散乱，坐禅中的忧悔、妄想，乃至招魔着邪，成为魔王眷属，自害害人，即是来自"犯戒"的过失。所以学禅之人，必须严谨持守生活的基本戒规——五戒、十善。

4．恒长的耐心："有恒为成功之本。"世间知识的学习，从小学到大学的完成，需要十六年，禅修是生命学的研究，解脱道的实践，因此更需要循序渐进、细水长流的恒长耐心，否则无法成就道业。

其他，诸如知足、淡泊、惜福、感恩、谦卑、柔和、慈悲、智慧（三法印）等德行、操守、修为，皆应致力熏修培养，以助禅修。

十三、如何保持动态生活中的"觉醒"

"觉醒的心"是行者修定、修慧的结晶。初学坐禅，想要在生活中把持自己，必须努力于"密护根门"的修持。

什么叫"密护根门"？就是《遗教经》所说的制伏五根及制心。吾人有六根——眼、耳、鼻、舌、身、意，前五根是能引生见色、闻声、嗅香、尝味、觉触等认识作用的；意根是能认知一切法相的，为六根中之最主要。

在我们的日常生活中，不外乎见色、闻声——认识法。当认识作用产生时，必须要严密地守护，譬如守门人，见到鸡犬乱闯，小偷等进来，就主动做适当处理——拒绝或驱逐。一般人，在见色、闻声时，总是执取境相。合意的，就取相而引生贪欲等；不合意的，就取相而引生嗔恨等。不能控制自心，为情绪、烦恼所转，而迷惑、造业，就像牛的乱闯，踏坏苗稼。所以，在见色、闻声……时，要密护根门。能严密地守护根门，才能止恶，能渐伏恶法，则禅定功德日增。

此外，致力于密护根门修持时，并不是不见色、不闻声等，而是在见了闻了后，能不随烦恼转。譬如见美色而不起淫意，见钱财而不做非分想等。所以需要"正知""正念"的辅助才得。若无正知、正念，当外境现前时，心容易随境转；好比小偷进门，大箱小笼搬了走，还呼呼熟睡，没有发觉，那就无法致密护根门之功。

什么叫"正知""正念"？就是对于外来的境界或内心想的事情，能正确认识是好是坏，叫正知。对于"正知"的这一念定心，能时时警觉、留意，就叫正念。习禅之人，在生活上"依正知而住"非常重要。

修行人在一般生活中，任何地去来往返；不论是无意地睹见，或有意地瞻视；手臂肢节的屈或伸；饮食、行、住、坐、卧、觉寤、语默动静等，都要保持正知。在生活动态中，知道自己在做什么；应该做或不应该做；适当做或不适当做；做得好或不好等。

总之，在这些事情中，能事事正知，念念分明，就不会迷失，而堕落错误过失之中。行者须耐烦勤修"数息""随息"或"念佛"法门，假以时日，日久功深，自然能开发出正知、正念的功能。

十四、欲望与习禅的关系

欲望，可分为恶欲与善欲。善欲又称善法欲，这是顺于戒、定、慧德行的，是积极向上的善法，能由此引生无边福德智慧。恶欲则是无明恶见熏染所成的习气，若不知约制、远离，则一切功德善法皆不得生。所以想成就禅定，开发智慧，一定要远离欲望及诸不善法，方能成办。若是念念不忘饮食男女，贪着五欲，对人做事，不离恶行，却想得定，发神通，这是颠倒妄想！

诸欲望中主要是"五欲"，五欲是色、声、香、味、触，随俗说即是财、色、名、食、睡，这是诱惑人心，向外贪着追求的物欲。初学坐禅，要摄心向内，所以必须离弃它。对于五欲境界，要不受昧——不为一时满意的快感所惑乱，要看出它的过患相，视五欲为伪善暴徒、糖衣毒药、刀头甜蜜，如是才能不取相染着；染着心不起，名为离欲。

在五欲中，男女欲是最严重的，这是以触欲为主，摄得色声香的欲行。男女恩爱缠缚，是极不容易出离的。多少人为了男女情爱，引出无边罪恶，无边苦痛。经中形容为：如紧系的绳索，缚得你皮破、肉碾、断筋、断骨，还不能舍离。所以想习禅入定者，非节淫欲，乃至离欲不可。

话说欲望如毒蛇猛兽，然初习禅者，仍不宜强势驱离或压制欲望，应透视欲望的本质（幻生幻灭），以智慧疏导情欲，让心灵在适量欲望的滋养下，逐渐接受、适应离欲的生活修行。

十五、生活中的善恶习惯对禅修有何影响

习惯分为好习惯与坏习惯，好习惯有助于善心的增长，坏习惯则专门破坏定慧修持。生活中，应积极弃除的坏习惯，最主要是"五盖"。五盖，是欲贪盖、嗔恚盖、昏沉盖、掉举盖、疑虑盖。这都是覆盖善法、染污心性的，对修习定慧的障碍极大，所以叫盖。

五盖是怎么形成的？欲贪，从染着五欲境相而生。嗔恚，从可嗔境相而起。昏沉，心情昧劣下沉，与睡眠邻近，为身、息不调所引发。掉举与昏沉相反，是心性的向上飞扬，为散乱的细相，从想到亲属、事业、国土及追忆起过去的事情，或乱想三世——过去、现在、未来而产生的。疑，是不正疑虑，从缘想三世而起，不能正确思维三世的诸行流转，生灭无常，空无自性，而执着"我"（身体与精神）与"我所"（我所拥有的一切）为真实的，推论过去世中的我是怎样，如何的……这一类的疑惑。

如何对治五盖？欲除五盖，必须修"不净想"来治欲贪；修"慈悲想"来治嗔恚；修"缘起想"来治疑虑；修"光明想"（法义的观察）来治昏沉睡眠；修"止息想"来治掉举散乱。此五盖若能除遣，则定慧自然产生。

十六、初学坐禅于坐中如何用功

说到习禅用功方法，不外乎调摄身、息、心。"调"是调伏、调柔，人心如拢悷的劣马，不堪驾驭；又如恶性牛，到处践踏禾稼，必须加一番调练、降伏功夫，方能使心服帖柔顺，随自己的意欲而行，所以古来有"调马""牧牛"的比喻。

调即调和之意，身体、呼吸、心念，都要调和得恰好，勿使动乱，才能渐入安定。"摄"是收摄，使心念集中，勿让它散乱。

如何调摄身、息、心三事？如《小止观》中说，身体要平稳正直，舒适安和，不得随便动摇，也不使产生紧张、积压的感觉。闭目，闭口，舌抵上腭，也不可用力。调息，呼吸时，要使之渐细渐长，不可有声，似有似无，但这是渐习而成的功夫，不可过急，欲速则不达。调心，恒长不间断地使心系念缘中（心的所缘境，如数息），不散乱，不昏沉，不掉举，心意集中（归一）而能平和，自然安定。三事有相互关系，然以心为主，在身、息正常安静调适中，达心息相依，则定境自生。

十七、初学坐禅以什么方法入门为佳

以"念息"为入门方便，是最容易得力的法门。一呼一吸，叫作一息。息是依缘身心而出入变化的，对身心的粗动或安定，有密切关系，所以安定身心的禅定学，对修息极为重视。

如何修念息？念息方法有六种：数、随、止、观、还、净；前三法是"禅定门"，后三法则是依定起观的"智慧门"的修法。

1."数"息：以息为所缘，吸入时，以心引息而下达于脐下；呼出时，心又随息而上，自鼻中呼出。这样的一呼一吸为一息，数入息的不再数出息，数出息的不再数入息。一息一息地默数下去，到十数为止，再从一数起。数息，如念佛的捻念珠一样，使心在息——所缘上转，不至于忘失。初学者如中间忘记了，那就从一数起，以做到一息一息能安稳地自然念数，忆念分明为止。

2."随"息：久久心静了，不会再忘失，就不必再数，只要心随于息，心息相依，随息而上下，觉息遍全身等。这样，连记数的散乱也离去了，即是得力之相。

3."止"息：久久修息渐成，心与息，如形影之不离。忽而心息不动，身心泯然入定，也就是修"止"成就。

念息修止应注意哪些事项？凡修息的，以细长为妙，但初学者不可勉强，以免伤气。又息须均匀，切勿忽长忽短。佛法的持息，本意在摄心入定，所以不可在身体上着想。修习久了，如小腹充满，发热，或吸气时直达足跟趾端，或觉脐下气息下达，由尾闾而沿脊髓上升，或气过时，幻觉有光色、音声等——这都是气息通畅，生理上的自然现象。切勿惊奇炫夸，落入气功及丹道的外道窠臼！

十八、日常生活与习禅的关系

禅的诞生，众所周知的，是来自"佛陀拈花，迦叶微笑"，这是很美妙、殊胜、庄严的事实，由于此一大事因缘，禅，开始了它生命的跃动！

习禅有成之人，生活的本身即是"禅"的当体，在处事临众中，以往的诹曲、喜怒、忧虑、矛盾等，已为"禅心"所消融，生活中所展现皆是"禅"的妙用——无住与随缘。

以工作生活而言，在人际关系上，无论上司或下属，都乐于与之相处，与客户的应对交谈，也会因"禅"的注入，变得幽默，具有内涵，而不再是诵念刻板无趣的"生意经"。在调度、操作上则更得心应手。在工作观念上，则能够从以往"人为何要辛勤工作"的疑问观念，而转化成"工作就是修行"的观念，能潇洒地面对一切顺逆境界。

以家庭生活而言，心中有了"禅"，家庭即是禅堂——理想的禅修道场，不像以往，家是一个重壳子，每日周而复始的生活，使人觉得单调、乏味、厌倦，乃至压力，有股透不过气的感觉。禅能开阔心境，能调和出活泼、自在的生命色彩，而增添"诗情画意"的品味，使家庭更温馨、美满。这是说要用禅心去看这个"家"，融入"家"的生活中，如此才能给家人更多的体贴、谅解与关怀，以及纯挚的爱——一种无执、无染、无求的菩萨大爱。

禅，如何认识、体会？这须依于善知识的引导，从每日三十分钟到一小时的坐禅静虑学起。若能持之以恒，待因缘成熟，即可感发禅悟，体会禅趣，丰富人生。

十九、如何安排居家禅修生活

现代是个瞬息万变、复杂纷乱的时代，生活竞争激烈及感官的过度享受，使人们迷失了自己的性灵。针对这样的时弊，"禅"是一剂最好的药方，我们每一个人都需要禅定的力量，来安顿浮荡不定的身心。

初学坐禅，假使尚处在调身的阶段，由于身体粗糙、筋骨僵硬，每一上座，五分钟或十分钟，腿子即不听使唤，呈现酸、麻、胀、痛的觉受，再加上腰酸背痛，真是苦不堪言！如硬要久坐，可能会退失对坐禅的兴趣和道心。因此初学坐禅应以"坐次多、时间短"为原则。每天坐禅时段的安排，可做如下参考：

1．早上起床时：早晨精神状况好，坐禅功效甚佳。盥洗、暖身运动，或上香、礼佛后即可进行坐禅。

2．晚上睡觉前：一天忙于事务，在睡前澄心静虑，将白天纷乱的心念沉淀下来，可得睡眠安稳，不做恶梦的利益。睡前坐禅，很重要。

3．例假日休闲：早上与下午时段，可各安排二座，晚上则安排一座，每座以十分钟、二十分钟之时限，逐步训练。坐禅是最好的休闲活动，不仅身心能得调适，更可开阔心胸，享受空无、寂静的禅悦，所谓"心包太虚，量周沙界"，所以坐禅是最好的休闲生活。

以上是提供给繁忙上班族的禅修参考，若家庭主妇则可视家事之多寡，做适当安排，大概是以早、午、晚为基准，选在身心最佳状态时，安排若干坐次（太饥、太饱、太倦、事未完，皆不宜坐）。

此外，初学坐禅，最好自定功课表、功过表，要求自己，视坐禅为每天例行工作，如三餐、睡眠、盥洗等行事一样。坐一支香，就在功课表上打钩，并用心写日记，记录坐禅过程的变化，观察进展，检讨缺失，能善巧改进，则进步神速。

总之，"久坐必有一禅"，只要能依于正确的坐禅方法，耐烦练习，假以时日，一但坐出宁静、轻安、喜悦，则自然获得坐禅利益，建立坐禅信心。最怕一曝十寒，腿痛腰酸，就退却不坐，果真如是，则必然一事无成。

二十、居家习禅应注意哪些事项

家庭生活是全家共有的，除非拥有私人卧房、书房，否则想坐禅时，就会觉得不方便。因此，在家中设立禅房或佛堂是绝对必要的。

居家坐禅，独修或与妻儿子女共修皆宜。然坐禅时，应力求放下一切缘务，功夫才能得力。

平常上班工作繁忙，居家时又闲事纠缠，能定下来坐支香，甚有福报。若全家人支持，则好；若有人持反对态度，就必须多沟通，取得共识，以免横生枝节，于坐禅时遭受干扰，譬如：启门应轻声、音量要放小，访客与电话须代为接待处理，坐中不得推动、靠进身体，等等，"宁静"是坐禅最必要的助缘。

另外，坐禅的地方不宜潮湿、炎热；空气须流通，光线要适中，不宜太亮；不可于风口下打坐，坐垫不宜太柔软，亦不可太硬（坊间有专售坐禅用），高低必要调整合适。衣着以宽松、舒适为宜。若觉凉意，须适时添衣，护好膝盖。坐禅前应先拜佛，或做简单的软身操，有助调身。亦可先诵段经文，但不宜大声，最好金刚念（默念），具调息（调呼吸）功效。并对自己微微笑，保持愉悦轻松的心情。若使用闹钟，音声不宜太响，以免自己受惊。下座后应做回向，培养悯念、与乐众生的慈悲心；并稍做运动，活动筋骨，疏通气血。坐禅完毕，步出禅房，应向护持家人致谢，以养成"感恩"德操。

二十一、坐禅时可以听音乐吗

柔和音乐能陶冶性情，消融嗔习，尤其坊间一些"禅曲"，其旋律仿若佛国仙境的梵乐，清幽美妙，闻之尘嚣尽散。或有以念佛持咒音声、梵呗赞佛曲调的，即所谓"梵音海潮音，胜彼世间音"，梵音庄严清雅，可令闻者身心净化，引发虔诚的宗教情操，也能达到信仰上的效果。

禅修的方法很多，听音乐是耳根与声尘的接触，如能让自己身心清净下来，并无不可。但禅修最好要有一

个固定、专注的观察目标——所缘境，如数呼吸、观呼
吸、观佛相、念佛号、持咒语等禅定门的修持，亦可观
感受变化、观心念变化、观胜义（实相）等智慧门的修
持。对于初学坐禅的所缘境，应注意几点原则：

1. 要简单，不要复杂。

2. 要固定，不要常换。

3. 要能制伏烦恼的。

4. 要能契入正理（三法印）的。

以上原则，只要能让心清净，能降伏自身的烦恼妄
想，进一步以空性智慧断除烦恼习气，都可作为禅修的
所缘对象。禅修最好不要依赖外在的东西，如果这个东
西一时无法取得怎么办呢？所以，平时生活，听听音乐
无妨，如真要禅修，还是少用，可与不可应自行斟酌为
要，否则禅定中尽是音乐，成了幻境，反受其害。

二十二、如何调饮食

饮食之所以为修持行法，是借调和饮食资助行道。
古德云："法轮未转食轮先转。"足见饮食对修行者的重
要。如果吃得太饱，则会急喘、肚胀，甚至导致百脉不
能畅通，影响摄持心念，无法安心坐禅办道；如果吃得
太少，则会身体虚弱，心意恍惚，精神无法集中，这两

种饮食方法都不是善调之相。

古德言："萝卜青菜为无上清斋，黄荠野藿当珍馐妙味。"吃素诚大善行，习禅者最好能戒"五辛"：大蒜、茖葱、慈葱、兰葱、兴渠，因五辛中含多量刺激性物质。如吃不洁食物，使人心识昏迷；吃不相宜食物，则会引发潜伏疾病，使身体四大不调。因此饮食调理得当，是初学坐禅者必须谨慎注意的。

此外，熟食使人生淫欲心，生吃则使人增嗔恚心，皆会蒙蔽智慧增长愚痴，故不宜。刚开始由清淡入手，"味觉"逐渐淡化，即可渐除过分欲望。食不宜过量，七八分饱即可，少量多餐亦甚佳。饮食须定时、定量，使胃肠能调适改变，食后应适当经行跑香，帮助蠕动。

习禅者，若欲禅修有成，在饮食上应多选择自然健康食品，如五谷类、蔬果类、干果类，新鲜蔬果藏有大量能量，属于悦性食物，很适合人体吸收，对身心健康有直接和明显的帮助。只要善巧调配，营养即能足够。

经云："身安则道隆，饮食知节量，常乐在空闲，心静乐精进，是名诸佛教。"一般人对饮食的要求，不但要美味，还讲究色香味俱全；好吃的就贪得无厌、暴饮暴食，不喜欢的就挑剔拣择，甚至未食即弃。而禅修者应重视从饮食中培养淡泊无欲、简朴惜福的生活态度，饮食只不过是维持生命和医治饿病的药物，须常思来处不易，以感恩心受食。吃饭前，合掌称念"供养佛、供养法、供养僧，供养一切众生"，以增长恭敬、慈悲之心。另有五观：

1. 计功多少，量彼来处。
2. 忖己德行，全缺应供。
3. 防心离过，贪等为宗。
4. 正事良药，为疗形枯。
5. 为成道业，应受此食。

佛门的"食存五观"是正念受食的殊胜口诀，能常系念作意修持，则道业日增。

二十三、如何调睡眠

睡眠为无明之相，覆盖心性，令心昏昧不清，不可放纵。"休息是为走更远的路"，适当的睡眠很重要，参禅打坐必须要有体力做后盾，废寝忘食有时会导致不良后果，功夫得力除外。

不可贪睡，贪睡则心神暗敝，增长愚痴，亦不宜刻意少睡，少睡则容易昏沉，无力坐禅。《佛遗教经》说："无以睡眠因缘，令一生空过，无所得也。"阿那律尊者听佛陀说法时打瞌睡，被佛陀呵斥："咄咄汝好睡，螺蛳蚌蛤类，一睡一千年，不闻佛名字。"心生惭愧，于是从此不睡，精进不懈，导致双眼失明，后来佛陀教以金刚照明三昧，而得天眼通，为佛弟子中，天眼第一。

佛言："修行如调琴，琴弦太紧了，容易断掉；琴弦太松了，弹不出声音；要能不紧不松，才能弹出优美的曲调。"习禅者每日五或六小时睡眠是正常的；昼时若觉疲累，中午小睡三十分钟或四十分钟，也是应该的。

平时工作、读书之余，双眼闭目养神五分钟、十分钟是良好习惯。有人以为可以靠坐禅来提神养气，消除疲劳，这是对老参而言。对于初学者，常是一上座，没多久即出现昏沉现象，长久下去，易得禅病，影响身体姿势，有碍健康。应该在精神状况好的时候，再行坐禅，功夫才能得力。

佛陀教我们睡眠时，也应提起正念，所谓"勤修寤瑜伽"——睡前洗洗脚，睡时"吉祥卧"（右胁而卧，把左足叠在右足上，也叫作狮子卧法），非常有益于身心。睡眠时，应作光明想；修习纯熟了，连睡梦中也是一片光明。这就不会过分地昏沉；不但容易醒觉，也不会做梦；即使作梦也不起烦恼，能念佛、念法、念僧。等到将要睡熟时，要保持警觉；要求在睡梦中，仍然功夫不失。这样地睡眠习惯了，对身心的修养，最为有效。而且不会乱梦颠倒，也不会懒惰而贪睡眠的逸乐。所以，睡眠也是一种修持。

二十四、发心立愿与习禅的关系

发心立愿，是禅修初学者的首要急务。如同一个人要做事之前要先立定志向、目标，志向、目标确立，再精进做去，则大事自成。比如《劝发菩提心文》说："入道要门，发心为首；修行急务，立愿居先。愿立则众生可度，心发则佛道堪成。"这即是在阐明发心立愿的重要。

平时我们成家立业，要拟定理想、目标，凡做事、举办活动，也要定宗旨、拟办法等，这就是"愿"；愿是一股动力，一种真诚的发心，有了愿，就能产生力量，推动一个人，无怨无悔地做下去，不达目的决不终止。成功的事业家依此，建立起自己的功德事业。诸佛、菩萨也是因发愿，依愿行持，而得以成就庄严的佛国净土。譬如：

阿弥陀佛发四十八大愿

药师佛发十二大愿

地藏菩萨发"地狱不空，誓不成佛"之愿

普贤菩萨发十大愿

观音菩萨发三十二应化身"应以何身得度者，即现何身而为说法"之愿……

禅修者应学习菩萨的发心，依个人的能力、条件，在四宏誓愿的总愿中，别立个人的别愿。譬如我有力量，可以服务别人。我会写文章，可以著书立说，弘扬佛法。我会讲话，可以说法渡人迷津。我有钱财，可以布施，扶穷济贫。我会看病，可以医治病患。我会画画，可以绘画，净化人心等，只要心怀慈悲济世，任何能力都可利益人天。所以诸佛、菩萨的愿力个个不同，唯一相同的，就是令众生远离痛苦的束缚。

因此，禅修者在初发心时，应先检查有否发起利济众生的悲愿。是为众生而修行，还是为个人的名闻利养、为得到别人的恭敬称赞、为嫉妒别人比自己强、为了巩固势力控制别人、为了神通等而修。古德云："因地不真，果招纡曲。"行者若知谨慎，则道业日增，反之则误入邪途，造作罪业，死堕恶道。可不慎乎！

二十五、坐禅时受到干扰应如何处理

坐禅时，受到外来的干扰有几种：

1. 自修时：电话铃响，门铃叮咚叫，家人呼唤，开关门窗，走路、上下楼梯声，烹煮声，被不知者推了一下，马路传来的汽车喇叭声、广播叫贩声、狗吠声等干扰。

2. 共修时：维那或监香师父下的香板，邻单不经意碰触，同参发出的打嗝、放屁、换腿声等。

面对如此众多的干扰，可从两方面处理：

1. 外在因缘：

（1）初学者，应选择安静的场所，以避免不必要的人事干扰。

（2）要与家人协调，在参修的时间内，希望他们成就你的修行，代为处理一切事务，及将声响降至最低。

2. 内在观念：

（1）应忏悔自己的业障，为何修持过程，干扰重重，是自己宿业所感，不应生嗔恨责怪之心，反省后，须将禅修功德回向一切众生。

（2）视为助缘，古德言："逆境来时顺境因"，应将种种干扰视为考验我们功夫的助缘，干扰来了，是为境所转，还是能转境界？

（3）不迎不拒，随它去！所谓"犹如木人看花鸟，何妨万物假围绕"，来自它来，去任它去，如如不动。

（4）静观"干扰"，当下观察干扰的"行相"，透视境界的"本质"，能知行相是因缘生灭的；会解本质是空无自性的，则所谓干扰，顿时成为修发智慧的助缘，此项修持观念极为切要！

总之，逃避干扰是消极行为，勇敢地面对境界才是积极的做法。《楞严经》言："若能转物，则同如来。"能善用智慧转化，调伏妄念，自然不觉干扰存在。

二十六、业力与习禅的关系

首先对"业"要有正确的认识；《俱舍光记》说："造作为业。"凡是身所做的事，口所说的话，心所想的念，都叫作"业"。业是由意志力的造作所遗留的痕迹，以记忆的方式储存在阿赖耶识，累积多了即产生一股势力，称为"业力"。

行者在禅修路上，会不断发现业力的显露，其实"禅修"的本身即是宿世善业的感发。善业能帮助我们成就道业；恶业则会干扰我们禅修，种种障碍，即是所谓的"业障"。有累世造的业，亦有今世造的业，这些储存于八识田中的业种，在因缘相应时，会引发产生现在行为，现在行为造作的同时，又制造成为新的业种（记忆），回熏八识田中，待来日因缘成熟，又引生现行，如是辗转相资（业种与现行互为因缘），轮回不息。若善种多，所形成的即是"良性循环"，而生生世世感报善乐之果，倘恶种多，所形成的即是"恶性循环"，而生生世世感报恶苦之果。所以经云："假使百千劫，所作业不亡，因缘会遇时，果报还自受。"果报的现前是随各人的过去善恶习惯、业的轻重、意念的染净而感得的。

所以，禅修过程，若有"业障"现前，如身体的酸麻胀痛，心里的烦闷痛苦，皆应作"消业"想，如实地接受它、观察它、放下它，切勿因业力的显露，而起了嗔恨心，又种下了另一层的"业因"。如此循环不休，无有了期，则道业难成。

二十七、如何处理习禅所引发的业障

1. 礼佛忏悔："往昔所造诸恶业，皆由无始贪嗔痴；从身语意之所生，一切我今皆忏悔。"忏悔过去的种种不是，发愿今后不再造。忏悔能令心性谦卑、柔和，涤浣污染的业种（记忆），是成就定慧的前行。

2. 广结善缘：《盐喻经》有一譬：说一撮盐巴，放在一杯水里，喝了就会觉得很苦；如将这些盐巴投到湖泊里，则不会感到咸苦。盐巴如同我们的恶业，清水如同善业。假使我们平时的善业做得不多，有一点业障，就会感觉很苦。如果平时常做善事、动善念，善业多了，善的力量强，业障就没有因缘现前。业种要起现行，必须具备诸多因缘条件，只要一个因缘缺少了，结果就不会产生。因此我们必须多种善因，结善缘，凡力所能及之钱财、体力、语言、智慧，皆应随缘布施给人。要常亲近道场共修，护持三宝，以广结善缘，自然能活得欢喜、快乐、自在。

3. 作观空性：龙树菩萨说："因缘所生法，我说即是空。"世间的一切现象，都是因缘条件成立的，并无实在体性，所以是空无自性的。因此佛在《金刚经》说："凡所有相皆是虚妄。""菩萨应离一切相……应生无所住心。"过去，佛陀在因地修行，做忍辱仙人，被歌利王割解身体时，王问仙人："你恨我吗？"仙人说："既无我何来怒恨？"那时，四天王及天龙八部齐来护法，被肢解的肢体，又完好如故。歌利王大为恐惧，长跪忏悔求宽恕，并发愿向善。仙人也发愿说："我成佛，当先度之。"仙人即后来的佛陀，而歌利王即是佛陀最先度化五比丘中的憍陈如尊者。

以"缘起性空"的智慧，体察一切现象，则能够发见宇宙人生的一切现象，都是依因托缘带动而生起，无有实在体性；是无常、无我、空的如实相，即能见到虚假不实的事实真相，则自然远离颠倒梦想。

因此，处理业障，须从行为的忏悔及行善法功德的善种培养做起，更重要的是思想上要多闻熏习"无常"

与"缘起性空"的法义；定课作禅时，须常以自我当下的"身心"，作为禅观对象，进行对无常、无我的体察，一旦开发出"般若智慧"，则业种干枯，业障自亡。

二十八、运动、劳作与习禅的关系

禅修的过程依天台止观，不外分为调身、调息、调心，初学者注重在调身，老参则注重调心，身与心是相辅相成的。禅修的法门有很多，然而初学者却得不到要领，除了《小止观》谈到须具五缘、呵五欲、弃五盖、调五事、行五法外，运动、劳作与习禅的关系极为密切，可分为两点说明：

1. 活络筋骨，调和身心：食多欲睡，少食心慌，对修行者不宜，"饭后百步走，活到九十九"，运动是调节身体机能，帮助器官蠕动、消化食物的良方。禅修者更需要适当的运动，以帮助调身，活络筋骨。

中国有许多传承下来的运动：如达摩易筋操、八段锦、少林拳、香功、太极拳、外丹功……甚多，印度东来的瑜伽术等，以及登山慢跑，坊间一些气功粗浅教授等，现今五花八门，可视自己的兴趣、身体状况择一而学，以配合禅修调和身心。

2. 培养毅力与定力：行禅与拜佛是最佳运动，在运动时，收摄六根对六尘的攀缘，专心一意，扣住所缘，同样兼有调身、息、心的功效。"动中磨炼"可以训练，面对"缘务"的身心更趋稳定、安详、自在。

古时丛林禅修，有下田耕种、上山砍柴、水边挑水等出坡劳作，禅师们自食其力地修持，有"一日不作，一日不食"的精神道骨，于是毅力与定力自然养成。

二十九、坐禅时觉头部胀痛，气息上冲，应如何调适

初学者最易产生的情况，根源在于：用力过猛、妄念纷飞、心浮气躁，导致火气上升。应如何处置？以下分为七点说明：

1. 禅坐环境，空气须流通，不宜直吹冷气或电风扇。

2. 注意饮食：少吃酸性、刺激性食物，以清淡为佳。应多吃蔬菜、水果，多喝开水。

3. 观想放松身心：禅坐时，调身，从头至脚，一一观想每个骨节，肌肉放松，气血顺畅。

4. 数息调心：意守脐下三寸处或脚底，可使心火下降，肾水上升，调和身心。

5. 脚泡热水，能帮助全身气血顺畅，放松身心。

6. 少欲、知足："虚心就教"放下"我执"是良方。俗话说："心中有事天地小，心中无事一床宽。"从前有一位犯人住在监狱里，经常怨气冲天，抱怨所住二坪地太小，吃、喝、拉、睡，都在里面，有一次在睡觉时，被一只苍蝇吵得没办法睡，于是起床抓苍蝇，但都抓不到，忽然觉得房间怎么那么大。由此可知，"知足常乐，心火自消"。

7. 多运动，拜佛礼忏（自然呼吸），可柔软筋骨，也能使心地谦卑，长养慈心。

三十、坐禅时筋骨酸痛怎么办

饮食、运动不当及坐姿、睡姿不正确，在坐禅时会出现此情况，禅修者要注意，不宜食酸性食物，甜度过高食物不可摄取太多（可多摄取维他命 B 群之食物，对筋骨有帮助）。运动或行香时注意腿部及脚底，不可拉力太大。若坐禅时觉得筋骨酸痛，如何处理？

1. 放下盘坐的双脚，正襟危坐，腰部挺直，放松身心，待气血流畅，酸痛消除，再盘腿上座。或可在放下脚后，由腰部向前倾，放松筋骨，同时慢慢呼吸，待气血流畅，再盘腿上座。

2. 配合生理需求，调整坐垫高低，确实以"毗卢遮那佛七支坐法"调身。坐时不宜用力，以自然、舒适为原则。

3．专心一意，扣住所缘境，心一境性，突破酸痛，便得清凉。

4．当我们生气时，内分泌会产生酸性变化，淤塞血管，造成酸痛。所以在心理上，脾气要慢半拍，凡事力求随缘自在。

三十一、坐禅中为何会气血不顺畅？应如何改善

禅修过程，不论"行、住、坐、卧"，有时会因为天气寒冷、空气不良、姿势不正、饮食不当、睡眠失调、情绪不稳等诸多因缘，而导致气血不通畅，会有许多状况产生，如呕吐、反胃、冰冷、头昏、腹胀、便秘等痛苦困扰。身体是地、水、火、风四大元素组合而成的，若有任何一种不调，皆会导致病痛。如何改善？

1．勿使身心觉压迫：心里有牵挂或坐姿不正皆会影响身体各部机能，若不清楚、了解何者为正确的禅修方法，应请示善知识，虚心学习，打稳基础。

2．不要在污浊的空气中坐禅，在家窗户可以打开，使之流畅；若不便，须做"空调"处理。

3. 常作无常观、无我观，观"诸法因缘生，诸法因缘灭""一切有为法，如梦幻泡影，如露亦如电，应作如是观"。如此思维，慢慢放下我执，心地柔软，不计较、不比较，气血自然顺畅。

4. 若是本身原有疾病，产生气血不顺，须配合医师指示按时用药，再配合调身、调息、调心的禅修，即可逐渐改善。

5. 药补不如食补，食补不如气补，如何气补？常保持专注、愉快即是，所谓"心中欢畅的，常享丰筵"。好思维、分别、妄想、生气，皆会引起气血不畅，因此须常保持心平气和，气和则息均，息均则身心康泰。

三十二、坐禅时腰部、背部觉得疼痛，无法挺直，应如何调适

身心调得好，才能安于禅修，但往往状况频频：酸痛、疲倦、灰心、妄想、昏沉等，应接不暇。关于腰部无力，背部无法挺直之患，除了身体的毛病外，纵欲过度，操劳、烦忧太过，也是原因之一，如何调适？

1. 如果太劳累，应休息，待精神好时再打坐。

2. 调好坐垫高低，勿使有压力，坐时舒适自然、放松为原则。

3．检查方法是否正确，按毗卢遮那佛七支坐法加以调适。

4．检查脊椎是否有变形或受伤，给予妥善治疗。

5．调坐香、行香时间，行坐香之长短须调配恰当。

6．以双手搓热腰背，做腹部收缩运动。

7．元气不足也会发生此状况，应善养元气——不攀缘，安住所缘境，令心不外散。

8．注意饮食：身体缺乏蛋白质、维生素，腰部背部亦较不容易挺直，可多摄五谷杂粮，如糙米、大麦、小麦等。

三十三、女性逢生理期时可以坐禅吗

这必须视情况而定，若大量血崩或有其他疾病，致使无法提力，须休息，并保持安详心境，勿使念头纷飞，加诸疼痛，待一切平稳后再坐禅。

个人卫生很重要，坐禅前应检视防范。饮食、睡眠要调理得当。若轻微，则不碍生活起居，只要勤加维持卫生习惯，衣着适宜即可。

坐禅时间可以稍减，坐姿以单盘、散盘或正襟危坐为宜。行禅时最好调慢调短，立禅不宜太长，卧禅如昔无妨，但注意卫生。

三十四、坐禅时发生血崩现象怎么办

女性每月生理期，乃是为孕育胎儿之准备，是正常的生理现象，若在坐禅当中适逢生理期，因身体的不适（疾病），才会有大量出血或血崩的现象发生。

1. 暂时停止坐禅，自然呼吸，愈慢愈好，放松身心，当身心安泰时，可舒松子宫之收缩，减少出血量。

2. 按摩穴位：以肚脐为主，往下四寸一个穴位，及肚脐往下的两旁三寸处各有一个穴位，进行按摩，具有缓和出血的功效。

3. 热敷处理：在做按摩时也可用热毛巾敷腹部，以缓和子宫之舒张。

4. 做以上之处理后，若没有改善，须即刻送医急救。

三十五、女性怀孕时可以坐禅吗

见仁见智。禅修者，行、住、坐、卧皆是禅。如果要坐禅，须依自我体质、环境，做适当的安排，盘坐时间不宜长，采正襟危坐之舒适、自然姿势为佳，以不压迫胎儿为原则，以免影响胎儿成长。

行禅不宜久，卧禅亦须小心胎位，听经闻法无妨，但须多移动坐姿，以"胎儿"为念，并依医师指示调理生活起居，在心理上应常保愉悦、谦和、慈悲，闲时多诵读佛经，涉猎禅学，有益"胎教"。

常保持正念，住于寂静，则时刻均在禅修，不须执着静坐。

出版后记

  星云大师说："我童年出家的栖霞寺里面，有一座庄严的藏经楼，楼上收藏佛经，楼下是法堂，平常如同圣地一般，戒备森严，不准亲近一步。后来好不容易有机缘进到藏经楼，见到那些经书，大都是木刻本，既没有分段也没有标点，有如天书，当然我是看不懂的。"大师忧心《大藏经》卷帙浩繁，又藏于深山宝刹，平常百姓只能望藏兴叹；藏海无边，文辞古朴，亦让人望文却步。在大师倡导主持下，集合两岸近百位学者，经五年之努力，终于编修了这部多层次、多角度、全面反映佛教文化的白话精华大藏经——《中国佛教经典宝藏》，将佛教深睿的奥义妙法通俗地再现今世，为现代人提供学佛求法的方便途径。

  完整地引进《中国佛教经典宝藏》是我们的夙愿，

三年来，我们组织了简体字版的编审委员会，编订了详细精当的《编辑手册》，吸收了近二十年来佛学研究的新成果，对整套丛书重新编审编校。需要说明的是此次出版将丛书名更改为《中国佛学经典宝藏》。

佛曰：一旦起心动念，也就有了因果。三年的不懈努力，终于功德圆满。一百三十二册，精校精勘，美轮美奂。翰墨书香，融入经藏智慧；典雅庄严，裹沁着玄妙法门。我们相信，大师与经藏的智慧一定能普应于世，济助众生。

东方出版社

230

图书在版编目（CIP）数据

安般守意经 / 杜继文 释译 . —北京：东方出版社，2019.10
（中国佛学经典宝藏）
ISBN 978-7-5060-8545-8

Ⅰ.①安⋯　Ⅱ.①杜⋯　Ⅲ.①佛经－注释②佛经－译文
Ⅳ.① B942

中国版本图书馆 CIP 数据核字（2015）第 267859 号

本书中文简体字版权由上海大觉文化传播有限公司独家授权出版

中文简体字版专有权属东方出版社

安般守意经
（ANBOSHOUYI JING）

释 译 者：杜继文
责任编辑：王梦楠
出　　版：东方出版社
发　　行：人民东方出版传媒有限公司
地　　址：北京市西城区北三环中路 6 号
邮　　编：100120
印　　刷：北京明恒达印务有限公司
版　　次：2019 年 10 月第 1 版
印　　次：2022 年 1 月第 3 次印刷
开　　本：880 毫米 ×1230 毫米　1/32
印　　张：8
字　　数：135 千字
书　　号：ISBN 978-7-5060-8545-8
定　　价：49.00 元
发行电话：（010）85924663　85924644　85924641